Abd el-Hafîd Benchouk

Une année musulmane

Ou Les Secrets des jours et des mois du calendrier islamique

Illustrations de
Clémence Trossevin

hachette

À PROPOS DE L'AUTEUR

Abd el-Hafîd Benchouk est Muqqadam, représentant de la voie soufie Naqshbandi, dont il a suivi les enseignements auprès du grand maître soufi Cheikh Nazîm Al Haqqanî (1922-2014) durant 25 ans. Il donne des sagesses à une centaine de personnes, une à deux fois par semaine à la Maison soufie ; il anime régulièrement des conférences et il a également fondé une Ferme spirituelle dans le centre de la France, « Douce France », ou de nombreux disciples viennent se retirer. En outre, il a étudié les sciences traditionnelles islamiques (langue arabe, fiqh1[1], sira2[2], hadîth3[3] et tajwid4[4]) durant dix ans auprès de Cheikh Mohammed Jamil Cherifi. Œuvrant pour le dialogue interreligieux, il est aussi représentant de la Fraternité islamique et membre du conseil d'administration des Artisans de Paix, association regroupant juifs, chrétiens, musulmans et bouddhistes. Abd el-Hafîd Benchouk est l'auteur du *Petit livre du soufisme* et du *Petit livre du Coran* aux éditions Hachette.

1. Jurisprudence islamique.
2. Étude de la vie du prophète Muhammad.
3. Science des paroles et gestes du Prophète.
4. Étude des règles de lecture et de psalmodie du Coran

Par le nom d'Allah, le Tout-Rayonnant d'Amour, le Très-Rayonnant d'Amour

Sommaire

Note aux lectrices et aux lecteurs

Dans un souci de faciliter la lecture, les accents circonflexes ont été éludés, ainsi que les signes diacritiques marquant la prononciation de certaines lettres propres à la langue arabe.

Introduction

« Chaque Jour Il est une œuvre nouvelle. »
Coran 55:29

Une année est un cycle. Un cycle est une période avec un point de départ et un point d'arrivée, puis le point d'arrivée ou la fin du cycle devient le début ou le point de départ d'un nouveau cycle et ainsi de suite, sans que l'on puisse au niveau humain connaître précisément le nombre de cycles, de siècles, d'années écoulés depuis la création du monde, sauf à un niveau spéculatif, chacun présentant sa propre théorie. Compter les cycles et les années permet d'avoir une vision globale et relative du temps qui s'écoule à l'échelle qui est la nôtre. Aussi chaque civilisation a-t-elle cherché à mesurer le temps qui s'écoule et ce, d'une manière plus ou moins précise. Et curieusement, seul le symbolisme spatial permet de mesurer le temps.

> « C'est Lui qui a fait du Soleil une clarté et de la lune une Lumière, et Il en a déterminé les phases afin que vous sachiez le nombre des années et le calcul [du temps]. Allah n'a créé cela qu'en toute vérité. Il explicite les Signes pour ceux qui savent. »
>
> Coran 10:5.

Mesurer le temps, une tâche surhumaine

La civilisation moderne a quant à elle calculé avec une précision jamais égalée (à la microseconde près) le mouvement des astres, sans pour autant percer les mystères de la Création. Les astres et leurs mouvements ont toujours été un repère pour toutes les civilisations. Des Égyptiens aux Mayas, des Grecs aux Chinois, des Romains aux Papous, des Arabes aux Indiens, la mesure du temps a été l'apanage de savants souvent issus des rangs de l'autorité spirituelle de ladite civilisation. Dans l'Occident chrétien, le peuple étant généralement illettré, le clergé avait cette tâche de mesurer le temps. Cette tâche permettait non seulement de compter le temps, mais aussi de donner des repères liturgiques.

Les symboles des événements historiques ou hagiographiques permettent de revivifier la foi tout en jalonnant l'année de fêtes, rappels et autres temps particuliers d'adoration. Le monde moderne n'échappe pas à ce besoin de symboles pour légitimer son pouvoir et permettre à la population de participer activement à l'événement commémoré en le revivant collectivement. Dans un pays comme le nôtre, la France, dit « sécularisé », les temps de congés restent en grande partie liés à la tradition chrétienne. Depuis la Révolution française, les dates du 14 juillet, du 8 mai et du 11 novembre, commémorant des événements plus récents, sont venus étoffer le calendrier proprement liturgique de la République. Ce besoin de rappel constant est nécessaire à toutes les communautés humaines.

Nous pouvons même affirmer que les symboles et les dates choisis forment l'un des éléments majeurs de l'identité de toute communauté ou organisation humaine.

Le Prophète Muhammad – sur Lui la Grâce et la Paix –, est né en 570 de l'ère chrétienne, c'est-à-dire 570 ans après la naissance du Prophète Jésus – sur Lui la Grâce et la Paix. Mais le calendrier islamique n'a pas sa naissance pour point départ, comme pour signifier qu'il n'est autre qu'un canal de transmission d'un message qui dépasse largement le cadre restreint de l'être humain.

> « Et rappelle !
> Alors vraiment, le Rappel profite à ceux qui mettent en œuvre le Dépôt confié. »
>
> Coran 51:55.

Quant à la civilisation chrétienne, elle a choisi comme début du calendrier, au vu de l'importance de Jésus dans les actes de foi chrétienne, la date présumée de sa naissance. Pour les catholiques, il s'agit du 25 décembre ; pour les orthodoxes, c'est le 7 janvier ; pour les Arméniens apostoliques, le 6 janvier, partout dans le monde, sauf à Jérusalem où ce jour est commémoré le 19 janvier. C'est donc la naissance de Jésus qui marque l'an 0 du calendrier chrétien, avec d'infimes différences.

Pour l'année hébraïque en revanche, l'an 0 se situe 3 761 ans avant la naissance de Jésus. Nous sommes donc actuellement, selon le calendrier hébraïque, en 5785. Cet an 0 marquerait pour les juifs le début de la Création, mais les données scientifiques actuelles permettent d'affirmer qu'il doit s'agir d'un autre événement d'une importance majeure, dont la trace s'est certainement perdue. Mais Dieu est plus savant !

Le sens symbolique des nombres

Pour les musulmans, et en règle générale dans toutes les traditions, les chiffres et les nombres, en dehors de leur fonction principale d'instrument pour compter, sont aussi porteurs d'un sens symbolique. Ainsi, dans le Coran, Dieu dit-Il qu'Il a créé le monde en six jours : « *Allah est Celui qui a créé en six jours les Cieux et la Terre et ce qui est entre les deux* » (Coran 32:4). Cette assertion qui n'est pas à prendre au pied de la lettre est confirmée par les deux versets suivants. Dans le premier, la Présence Divine affirme qu'un jour auprès de Lui égale mille de nos années : « *Puis l'Ordre monte jusqu'à Lui en un jour dont la mesure est de mille ans par rapport à ce que vous comptez* » (Coran 32:5). Dans le second verset, l'équivalent d'un jour est de cinquante mille ans : « *Les Anges et l'Esprit montent vers lui en un jour dont la durée est de cinquante mille ans* » (Coran 70:4).

Ces exemples mettent en exergue l'importance pour chaque civilisation de se conformer

LE TEMPS ET L'ÉTERNITÉ D'ANANDA COOMARASWAMY

« L'indépendance essentielle et absolue de l'éternité à l'égard du temps et de toute durée, que la plupart des modernes semblent avoir tant de difficulté à concevoir, résout immédiatement toutes les difficultés soulevées au sujet de la Providence et de l'omniscience divine : celles-ci ne se réfèrent pas au passé et au futur comme tels, ce qui n'est que le point de vue contingent et relatif de l'être conditionné par le temps, mais bien à une simultanéité totale, sans division ni succession d'aucune sorte. On peut, à cet égard, comparer le rapport de l'éternité au temps à celui du centre à la circonférence : tous les points de la circonférence et tous les rayons sont toujours visibles simultanément du centre, sans que cette vue interfère en rien avec les mouvements qui se produisent sur la circonférence ou suivant les rayons, et qui ici représenteront respectivement la détermination (enchaînement des événements dans le parcours ordonné de la circonférence) et la libre volonté (mouvement centripète ou centrifuge). Une autre conséquence est celle qui concerne la création : Dieu, par là même qu'il n'est pas dans le temps, crée le monde "maintenant" tout aussi bien qu'il l'a créé ou le créera ; l'acte créateur est réellement intemporel, et c'est nous seulement qui le situons à une époque que nous rapportons au passé, ou qui nous représentons illusoirement sous l'aspect d'une succession d'événements ce qui est essentiellement simultané dans la réalité principielle. Dans le temps, toutes choses se déplacent incessamment, paraissent, changent et disparaissent ; dans l'éternité, au contraire, toutes choses demeurent dans un état de constante immutabilité. La différence entre les deux est proprement celle du "devenir" et de "l'être". Le temps lui-même serait d'ailleurs inconcevable sans cet "instant" intemporel qu'est l'éternité, de même que l'espace serait inconcevable sans le point "non dimensionnel" et il est évident que celui des deux termes qui donne à l'autre toute sa signification est aussi le plus réel au vrai sens de ce mot. »

Le Temps et l'Éternité
Ananda Coomaraswamy

à un calendrier qui puisse unir la communauté dans une seule et même façon de compter et de vivre le temps qui s'écoule, et par là, lui permettre d'envisager le passé et le futur.

On ne pourrait imaginer le judaïsme sans les fêtes de Yom Kippour ou de Pessa'h, le christianisme sans Noël, Pâques ou la Toussaint. Il en va de même pour les États-nations modernes qui, eux aussi, ont besoin de jalons calendaires. On ne pourrait concevoir l'unité de la France d'aujourd'hui sans le 14-Juillet, celle des États-Unis sans l'*Independance Day* le 4 juillet, ou l'unité de chaque pays du Maghreb sans les fêtes d'indépendance, celles du Maroc le 7 avril, de l'Algérie le 5 juillet ou de la Tunisie le 20 mars. Ce besoin de cohésion autour du calendrier est valable pour l'ensemble des communautés et nations.

Le Soleil ou la Lune

Tous ces calendriers ont pour point commun l'utilisation du calendrier solaire. Aujourd'hui utilisé par la plupart des nations, il permet de retomber au point initial à peu près à la même période. On intercale une année bissextile tous les 4 ans et on donne aux mois une durée d'environ 30 jours – 28 ou 29 jours pour le mois de février, et 30 ou 31 jours pour les autres mois –, afin de correspondre au mieux à la durée du cycle de rotation de la Terre autour du Soleil, soit très exactement 365,25 jours. Ce cycle a toujours la même durée, avec d'infimes variations. La régularité de ce cycle permet de calculer le temps qui passe, de remonter des milliers ou des millions d'années en arrière, ou d'essayer de se projeter des dizaines, des centaines, voire des dizaines de milliers d'années dans le futur...

> *« Et le soleil évolue selon le parcours qui lui est fixé. Telle est la détermination de l'Inaccessible, du Savant. »*
> Coran 36:38

Quant au calendrier lunaire, il fut également utilisé et l'est encore par de nombreuses civilisations. Certaines utilisent à la fois l'un et l'autre calendrier, comme les Égyptiens de l'Antiquité. De nos jours, le calendrier hébraïque est à la fois lunaire et solaire. Les Chinois utilisent également un calendrier luni-solaire, dans lequel chaque mois débute par la nouvelle lune. Les Hindous ont eux aussi recours à un système luni-solaire, mais certains (en Inde du Nord) commencent les mois avec la pleine lune, d'autres (en Inde du Sud) avec la nouvelle lune. Ces derniers doivent rééquilibrer leur calendrier, puisque le cycle de la Lune dure 29 jours, 12 heures, 44 minutes et 3,3 secondes, et non 30 jours comme la durée choisie du mois : ils doivent donc ajouter un mois tous les 32 mois.

> *« Et à la lune, Nous lui avons assigné des phases jusqu'à ce qu'elle soit redevenue semblable à la palme desséchée [ou : au croissant initial]. »*
> Coran 36:39.

Dans la civilisation musulmane, c'est le calendrier lunaire qui a été choisi pour marquer non seulement les dates des fêtes religieuses et des commémorations spirituelles, mais aussi tous les actes importants de chaque jour, jusqu'à une période récente. Les mois ont une durée de 29 ou 30 jours. Le début du mois est décidé en fonction de la vision de la nouvelle lune, qui correspond à la vision du premier croissant à l'horizon. C'est le cas depuis des siècles.

Plus tard, notamment dans la civilisation ottomane, c'est le calcul astronomique des phases de la Lune qui fut choisi pour organiser l'Empire. Cette décision s'est imposée au regard de l'étendue géographique de l'Empire, et en raison du sens inné de l'organisation des Ottomans. Ce choix a permis de fixer les dates du début du mois longtemps à l'avance, donc de prévoir les événements avec une plus grande anticipation.

Le Croissant, d'Étienne Dinet, 1910.

De nos jours, pour définir le début du mois, demeure le choix entre la vision de la lune, comme au temps du Prophète de l'islam, et le calcul astronomique. Une troisième option consiste en une association des deux méthodes appelée « approche bizonale ». Les tenants de chacune de ces méthodes sont représentés. Toutes ont leurs arguments et restent valables aux yeux du droit musulman.

Les mouvements de la Lune comme ceux du Soleil sont utilisés dans l'organisation de la liturgie islamique. C'est bien la position du Soleil, et non les mouvements de la Lune, qui définit l'heure des *Salat* (les cinq prières canoniques). Si la rotation de la Lune autour de la Terre définit les mois, c'est la position de la Terre par rapport au Soleil qui définit les heures, donc la durée du jour, la Terre effectuant une rotation sur elle-même en 24 heures, en même temps qu'elle tourne autour du Soleil.

354 jours

L'année musulmane ne comprend aucun mois de rattrapage ; elle est calculée sur les mouvements vrais de la Lune. Elle comprend donc 354 jours environ. Ainsi, en faisant alterner des mois de 30 jours et d'autres de 29 jours, on « suit » la Lune avec une bonne précision. Une année lunaire ainsi constituée totalise 354 jours, qu'il faut comparer à 12 lunaisons réelles, soit 12 lunaisons x 29,5306 jours chacune = 354,3672 jours = 354 jours, 8 heures, 48 minutes et 33 secondes. Mais voilà : puisque l'année solaire compte 365 jours, il s'ensuit un décalage d'environ 11 jours chaque année. Ce qui fait que, par exemple, le mois de Ramadan commence environ 11 jours plus tôt chaque année.

En ce qui concerne les horaires de prières, à des latitudes comme celles de la France (environ 45°), ils sont rapprochés en hiver et plus éloignés en été. Au niveau de l'équateur en revanche, les horaires ne varient presque pas, les jours et les nuits étant quasiment de la même durée, soit environ 12 heures.

> « Il ne convient ni au Soleil de rattraper la Lune, ni à la nuit de devancer le jour. Tous voguent dans une orbite. »
>
> Coran 36:40.

Le temps est circulaire, il s'en va mais revient
Et pourtant, chaque instant est unique,
Dans chaque seconde, il est un monde,
Que dis-je ? Une pléthore de mondes,
À chacun sa seconde, à chacun son monde.
Combien dure l'Éternité ?
Est-ce un instant sans fin ?
Ou bien un temps sans passé ?
Sont-ce des heures, des mois, des années ?
Ou bien une résorption dans l'Unité ?
Est-ce un futur sans limites ?
Ou une vie illimitée ?
Personne ne sait vraiment d'où vient le Temps,
Et où va-t-il...

Dieu n'a-t-il pas dit :
"N'insultez pas le Temps, car Je suis le Temps !"

Le calendrier musulman

Le nombre de mois, auprès d'Allah, est de douze, dans la prescription d'Allah, le jour où Il créa les Cieux et la Terre. Quatre d'entre eux sont sacrés : telle est la religion droite. [Durant ces mois], ne faites pas de tort à vous-mêmes.

Coran 9:36.

Le calendrier musulman est un calendrier lunaire. Si les implications du choix de l'année lunaire dans l'établissement du calendrier islamique s'avèrent innombrables, nous allons tenter d'appréhender quelques-unes de ses conséquences directes dans la vie des croyants.

Une première évidence apparaît : les cinq piliers de l'islam sont directement impactés – ou plutôt devrait-on dire les quatre piliers, car le premier, la *chahada*, est plutôt la synthèse, ou l'essence, des autres. La *Salat* n'est pas impactée par ce choix, mais seulement les trois autres piliers que sont la *zakat*, le jeûne du mois de Ramadan et le pèlerinage à la Mecque.

C'est surtout le ramadan qui est le plus impacté. Le mois lunaire qui lui correspond va glisser, sur un cycle de 33 ans, tout au long de l'année civile. En ce moment, le mois de Ramadan commence en mars (11 mars 2024, 1er mars 2025), puis ce sera le 18 février 2026 ; en 2030, il commencera aux alentours du 26 décembre ; en 2040, le 8 septembre, et en 2050, le 22 mai. En 2045, il débutera en plein été, aux environs du 16 juillet. Les jours étant courts en hiver et longs en été, ce voyage du mois de Ramadan à travers les saisons permet de « goûter » à la fois à la contraction et à la dilatation du temps. Ce « goût » est une connaissance, une prise de conscience de l'Univers qui nous entoure et dans lequel nous sommes manifestés. C'est en quelque sorte un cycle dans le cycle, de même que la Lune tourne autour de la Terre et la Terre autour du Soleil. Les différents rites suivent aussi les mouvements du Cosmos, ce qui permet à l'être humain de réaliser qu'il est un microcosme à l'image du Macrocosme.

Le pèlerinage lui aussi s'accomplit chaque année à une période différente correspondant au mois lunaire de Dhu al-Hijja, qui lui aussi, comme tous les mois du calendrier islamique, voyage dans l'année solaire.

La leçon d'astronomie autour de l'astrolabe. Illustration d'un manuscrit persan du XVe siècle.

Réflexions sur la circumambulation et le mouvement des astres

Cette danse cosmique n'est-elle pas une forme d'adoration qui trouve son image dans les circumambulations du pèlerin autour de la Kaaba, qui symbolise la Maison d'Allah, également parfaitement représentées par le derviche tourneur qui, la main droite tendue vers le Ciel et la main gauche dirigée vers la Terre, se veut être un lien entre le monde d'en haut et le monde d'en bas ?

De même, le Soleil au milieu de notre système ne symbolise-t-il pas la Lumière divine qui donne la vie, et sans laquelle nous serions incapables de voir le monde tel qu'il est ? La lumière du Soleil ne permet-elle pas de voir ce qui était caché comme une apparition soudaine du non-Être vers l'Être ? La nuit n'est-elle pas le moment du repos, le jour celui de l'action et de la vie ?

« Et Nous avons fait
de la Nuit un vêtement.
Et Nous avons fait le Jour
pour la vie active. »

Coran 78:10-11.

Le nom et le nombre des mois

Comme en atteste le verset ci-dessous, les mois sont au nombre de douze, non pas par une décision humaine qui serait arbitraire, mais par un décret divin.

> « *Certes, chez Allah, le nombre de mois est de douze, inscrits dans l'Écriture d'Allah, le jour où Il a créé les Cieux et la Terre. Quatre d'entre eux sont sacrés. Tel est le Culte permanent. Alors, pendant ces mois-là, n'enténébrez pas vos âmes d'injustice !* »
> Coran 9:36

Voici les noms des mois
dans l'ordre chronologique, les
quatre mois sacrés étant soulignés :

Muharram est le premier mois de l'année.
Safar est le deuxième mois de l'année.
Rabi' al-Awwal est le troisième mois de l'année.
Rabi' al-Thani est le quatrième mois de l'année.
Jumada al-Awwal est le cinquième mois de l'année.
Jumada al-Thani est le sixième mois de l'année.
Rajab est le septième mois de l'année.
Cha'ban est le huitième mois de l'année.
Ramadan est le neuvième mois de l'année.
Chawwal est le dixième mois de l'année.
Dhu al-Qi'dah est le onzième mois de l'année.
Dhu al-Hijjah est le douzième mois de l'année.

Lors du pèlerinage de l'Adieu, le Prophète a dit : « *Le temps est revenu à sa configuration initiale, le jour où notre Seigneur a créé les Cieux et la Terre, l'année est de douze mois, parmi ces mois, quatre sont sacrés, à savoir, trois mois successifs : Dhu al-Qi'dah, Dhu al-Hijjah et Muharram et un distinct, celui de Rajab* » (*Hadith* rapporté par Boukhari et Muslim).

À partir de ce moment-là, et à la suite de cette affirmation du Prophète, l'ordonnancement des mois ne changea plus. La sacralité de ces mois peut se comprendre par le fait qu'ils correspondent peu ou prou aux mois englobant le pèlerinage à la Mecque, en tout cas les 3 mois qui se suivent, si l'on considère l'année comme un cycle infini. Le mois du Hajj (pèlerinage) est le douzième, et les deux autres mois sacrés respectivement les onzième et premier de l'année. Quant à l'autre mois sacré, le septième, celui de Rajab, il est isolé, et ne correspond pas au grand pèlerinage, *Al-Hajj*, mais au petit pèlerinage, la *'Oumra* qui, à l'époque antéislamique appelée *Jahiliyyah*[1], s'effectuait durant ce mois.

Nous avons fait des mois une liste qui donne l'impression d'un « déroulement » linéaire du temps, mais nous pourrions très bien aussi les figurer autour d'un cercle divisé en douze parts, chaque partie correspondant à un mois, tout comme les douze heures du jour.

Ce symbolisme circulaire permet de mieux comprendre le déroulement cyclique du temps, et de « voir » plus clairement la correspondance entre le début et la fin. Et ce n'est pas un hasard si les trois mois sacrés qui se suivent sont à cheval sur la fin et le début de l'année musulmane : cette organisation du temps permet entre autres de finir et de commencer l'année dans un temps sacré.

Muharram

مُحَرَّم

Safar

صَفَر

Rabi' al-Awwal

رَبِيع الأَوَّل

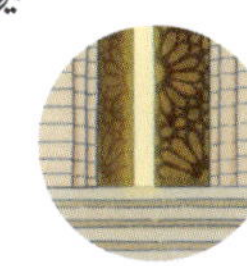

Rabi' al-Thani

رَبِيع الآخِر

Jumada al-Awwal

جُمَادَى الأُولَى

Jumada al-Thani

جُمَادَى الآخِرَة

Rajab

رَجَب

Cha'ban

شَعْبَان

Ramadan

رَمَضَان

Chawwal

شَوَّال

Dhu al-Qi'dah

ذُو القَعْدَة

Dhu al-Hijjah

ذُو الحِجَّة

FOI

L'être qui chemine spirituellement peut se poser la question à chaque nouveau cycle qui passe : *« Me suis-je davantage rapproché·e de mon but ? Me suis-je amélioré·e dans mon caractère ? Suis-je plus présent·e à Dieu dans mes pratiques ? »*

Dans un mouvement centripète, à chaque tour de calendrier, l'être humain espère se rapprocher davantage du Centre, tout comme le pèlerin qui tourne autour de la Kaaba et espère à chacun de ses tours rituels se rapprocher de la pierre noire tombée du paradis. Ce mouvement en spirale préfigure notre passage de la périphérie des choses au centre de l'Être, de l'éloignement vers la proximité divine.

La légitimité des commémorations

Nous allons aborder la question essentielle des commémorations dans le calendrier islamique, ainsi que l'acte premier du Prophète instituant les fêtes musulmanes lors de son arrivée à Médine. Nous verrons aussi les différentes implications de cette instauration.

« Lorsque le Prophète est arrivé à Médine, les gens de Médine avaient deux jours durant lesquels ils se divertissaient. Il demanda : "Quels sont ces deux jours ?" Ils répondirent : "Nous avions l'habitude de nous divertir durant ces deux jours durant la *Jahiliyya*." Le Prophète dit : "Certes, Allah vous a remplacé ces deux jours par deux jours meilleurs : le jour de l'Aïd al-Adha et le jour de l'Aïd al-Fitr." »

Hadith rapporté par Tirmidhi.

À partir de ce moment précis, toutes les fêtes et célébrations qui se déroulaient à la période du paganisme furent totalement abandonnées, et les deux principales fêtes musulmanes furent instituées : le jour du sacrifice, et le jour de la rupture du jeûne (du mois de Ramadan). Ces deux fêtes en question tirent leur centralité également des symboles dont elles sont l'expression, symboles que nous verrons lors des chapitres qui y seront consacrés.

D'autres fêtes sont tout aussi légitimes, comme par exemple le 1er Muharram, marquant le début de l'année musulmane. Nous soulignerons plus loin dans le chapitre dédié qu'il n'y a aucun mal à se souhaiter une bonne année à l'occasion de la nouvelle année hégirienne. Cela peut paraître évident, mais une tendance considère certains actes louables comme interdits car ne faisant pas partie des deux fêtes instituées par le Prophète. Or, ce serait confondre une simple bonne action et un acte d'adoration ou un rite sacré, comme c'est le cas des deux fêtes de l'Aïd auxquelles sont associées des prières particulières au caractère obligatoire. Même si une action n'était pas pratiquée au temps du Prophète, elle peut trouver sa légitimité en tant que fête mineure ou secondaire par rapport aux deux fêtes majeures ou principales, dans l'intention d'accomplir une simple bonne action, ce qui est encouragé par le Prophète en vertu du *hadith* (parole du Prophète) mis en exergue ci-contre.

Au temps du Prophète, il était nécessaire d'insister sur l'inanité des nombreuses « autres » fêtes ou célébrations, afin que l'unité de la communauté naissante soit établie et tout syncrétisme évité. C'est ce qui explique en partie que des fêtes comme le Mawlid (célébrant la naissance du Prophète, appelée Mouloud en Afrique du Nord) apparaissent plusieurs siècles après le départ du Prophète de ce monde.

Mais l'argument interdisant toutes commémorations autres que celles instituées par le Prophète, arguant que lui-même ne les fêtait pas, s'avère fragile. Car, en modèle d'humilité, lui-même ne pouvait demander que l'on fête le jour de sa naissance ! Pour les commémorations autres que les deux susmentionnées, il est important de garder à l'esprit qu'il ne s'agit pas d'acte d'adoration rituelle à proprement parler, mais de moments censés raviver le souvenir des différents moments qui ont jalonné la vie du Prophète, et qui transmettent un enseignement aux membres de la communauté. La fête du Mawlid, par exemple, vise à éveiller le souvenir de Sa présence parmi nous, à encourager, voire stimuler le cheminement spirituel en évoquant ses différentes qualités, à inculquer son amour chez les grands et les petits, à nourrir la cohésion de la communauté qui se rattache à son exemple de vie. L'argument est valable pour toutes les fêtes et commémorations dont nous parlerons dans cet ouvrage.

« Quiconque instaure en Islam une pratique louable en tirera une double récompense : la première, pour l'avoir instaurée, la seconde représentée par la somme des récompenses acquises par ceux qui l'auront imitée, sans que cela ne diminue en rien leur propre récompense. »

Hadith.

Muharram, la première lune et le début de l'année hégirienne

مُحَرَّم

L'Hégire

C'est l'Hégire du Prophète de La Mecque vers Médine qui marque le point de départ de l'ère musulmane. Peu utilisé dans la langue française, le mot « Hégire » signifie le départ volontaire d'une contrée vers une autre afin d'échapper aux désagréments et de vivre plus à l'aise. Dans un verset, les anges interpellent ceux qui se plaignent de leur condition sur Terre en ces termes :

« *Alors les Anges diront : "La terre d'Allah n'était-elle pas assez vaste pour vous permettre d'émigrer ?"* » Coran 4:97

Au contraire, l'exil est un départ contraint et forcé. Dans le Coran, la racine *hajara* est utilisée à 31 reprises, mais c'est dans le verset suivant que l'on peut constater l'encouragement à partir donné au Prophète par la Présence divine :

« Or, endure ce qu'ils disent et éloigne-toi d'eux d'un bel éloignement[2] »

Coran 73:10.

« Nul n'est prophète en son pays »

Cette phrase qu'aurait prononcée Jésus (relatée dans l'Évangile selon Luc 4, 24) est devenue un proverbe qui signifie que l'on a moins de chance d'être compris ou écouté par ses proches que par des étrangers. Cette expérience a été vécue avec une intensité remarquable par le Prophète Muhammad qui fut sans cesse persécuté par les Quraysh (ou Qurayshites)[3], dont il était pourtant l'un des membres, au point qu'ils décidèrent de l'assassiner. La suite de l'histoire nous montrera que, de même que pour le Prophète Jésus, il tira ses véritables soutiens de personnes étrangères à sa tribu. Le Coran fait écho à l'histoire de Jésus[4]. Le même terme sera utilisé pour parler des soutiens médinois du Prophète : *Ansar*, mot traduit par « auxiliaire », « soutien », « allié », « assistant », « aide » et même « ministre » dans certaines traductions très anciennes.

Les Quraysh, en fins politiciens, ourdirent un stratagème pour assassiner le Prophète sans provoquer une guerre fratricide qui verrait leurs privilèges suspendus par le désordre qui s'ensuivrait. Afin que la faute ne retombe sur aucun clan en particulier, ils désignèrent une dizaine de personnes. La faute ne reposerait alors sur aucun individu en particulier, la guerre serait empêchée, et seul serait versé le tribut du sang. Mais le Prophète fut informé par l'ange Gabriel de ce funeste dessein. Sa maison était surveillée, les volontaires pour l'assassinat étaient prêts, mais la force divine et le pouvoir de certains versets récités avec foi et sincérité rendirent Muhammad invisible. C'est précisément ce complot qui allait provoquer son départ de La Mecque, une ville à laquelle il était attaché, près de l'oasis de Yathrib[5], et où il était attendu, sinon espéré.

Juste avant de sortir, le Prophète prononça ces paroles :

> « Et nous avons mis un barrage devant eux et un barrage derrière eux. Alors nous les avons entièrement voilés : aussi, ils ne voient plus. »

Coran 36:9.

« Il passa au milieu d'eux inaperçu et poursuivit son chemin sans être inquiété. Un homme qui venait d'une direction opposée croisa le Prophète et le reconnut. Quelques instants plus tard, venant à passer à proximité de la maison du Prophète, il aperçut les hommes groupés devant la porte d'entrée et les interpella pour leur dire que si c'était Muhammad qu'ils cherchaient, ils ne le trouveraient pas chez lui étant donné qu'il venait précisément de sortir. "Comment cela se peut-il ?", pensèrent-ils. L'un d'entre eux avait en effet surveillé la maison et vu le Prophète y pénétrer avant l'arrivée des autres conspirateurs ; et tous étaient certains de n'avoir vu personne quitter la maison pendant tout le temps où ils avaient été aux aguets. Ils n'étaient cependant pas tout à fait rassurés, et l'un d'entre eux, qui savait exactement à quel emplacement dormait le Prophète, put s'avancer jusqu'à un endroit d'où il aperçut, à travers la fenêtre, le lit du Prophète sur lequel reposait un dormeur enveloppé dans un manteau. Il put ainsi rassurer ses compagnons en affirmant que leur homme était toujours là. »

Martin Lings, *Le Prophète Muhammad.*

Ce jour marque le début de l'Hégire. Alors qu'Ali, son cousin et futur gendre, prit sa place dans le lit et se recouvrit d'un manteau vert appartenant au Prophète, le Prophète partit cette nuit-là sur ordre divin en compagnie d'Abou Bakr As-Siddiq[6]. Durant des années, celui-ci fut son plus fidèle compagnon. Après le départ du Prophète de ce monde, il devint le premier calife[7] de l'Islam.

LE MIRACLE DE LA GROTTE

Lors de l'Hégire, plusieurs miracles se produisirent, qui confirment le soutien céleste donné à Muhammad. Les Mecquois se mirent à la poursuite du Prophète et de son compagnon, bien décidés à en finir avec celui qui bousculait leurs idées et dont les discours risquaient d'anéantir leurs privilèges. Mais au lieu de prendre directement le chemin de Médine, le Prophète et Abou Bakr As-Siddiq se réfugièrent quelques jours dans une petite grotte aux alentours de la Mère des Cités[8].

Vue de La Mecque cernée de montagnes, miniature syrienne du XVIe siècle. À droite : La Kaaba représentée sur une miniature d'un manuscrit arabe du XIIIe siècle.

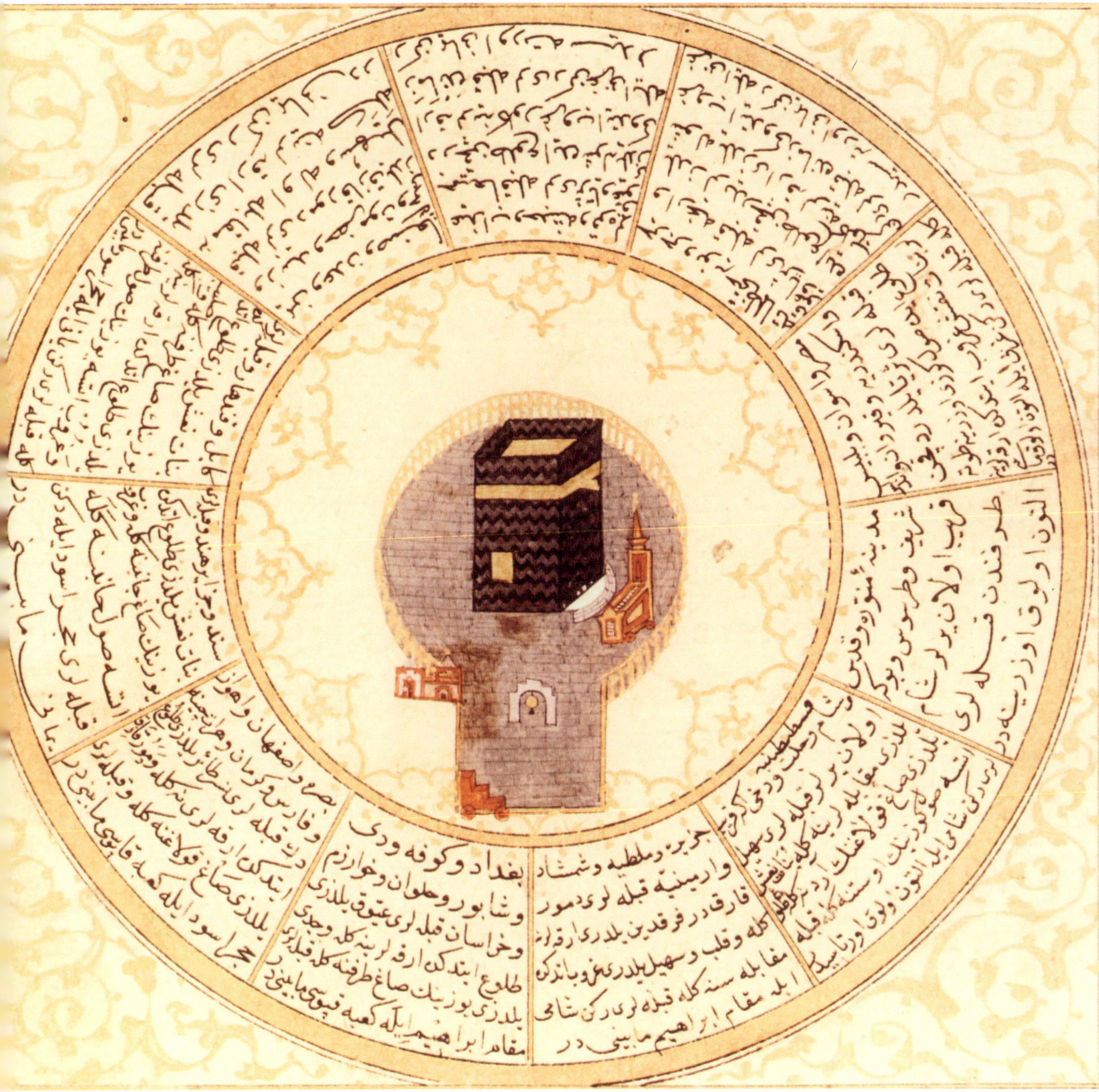

Mirages, Étienne Dinet, 1906.

« Puis, Il avait envoyé une araignée qui tissa sa toile entre les rameaux de l'arbuste et les anfractuosités de la caverne, et aussi un couple de pigeons sauvages, qui construisit son nid et déposa ses œufs dans l'étroit passage de l'entrée. À ce moment débouchaient de toutes parts les pisteurs, excités par l'appât de la récompense ; mais ils furent arrêtés par le fragile rempart qu'avait édifié le plus humble des insectes, et que le moindre souffle de la brise suffit à abattre. "Nous n'avons rien à faire dans cette caverne", déclara l'un des mécréants, Oummia ben Khelaf, au moment où ils se préparaient à y pénétrer ; voyez cette toile d'araignée : elle date sans doute d'avant la naissance de celui que nous poursuivons ; comment Mohammed aurait-il pu, sans la déchirer, s'introduire dans cette grotte ? Et ces œufs de pigeon, ne les eût-il pas écrasés ?" Tous se rendirent à ce raisonnement et renoncèrent à une recherche qui leur semblait inutile. »

Étienne Dinet et Sliman ben Ibrahim, *La Vie de Mohammed, Prophète d'Allah.*

C'est trois jours plus tard, que le Prophète quittant les environs de la Cité Sacrée qui l'avait vu naître, dans laquelle il avait grandi et vécu, depuis maintenant une cinquantaine d'années, et qui se dirigeant vers sa nouvelle patrie, s'adressa à la ville de Makkah, en disant : « Tu es la terre la plus aimée d'Allah et tu es la terre que j'aime le plus, si je n'avais pas été contraint de te quitter par les événements, je ne l'aurais jamais fait. »

FOI

LA CONFIANCE EN DIEU

Le départ du Prophète d'une ville qu'il aimait par-dessus tout vers un avenir nouveau, une contrée nouvelle, n'est-elle pas aussi là pour nous enseigner à être confiants, dans la plus grande adversité comme dans des situations moins dramatiques, à apprendre à sortir de nos habitudes et de notre zone de confort, tout en restant dans la certitude que Dieu nous voit et nous entend ?

Cette confiance est illustrée par le verset coranique qui fut révélé lors de cet épisode de l'Hégire :

> « *Il était le deuxième de deux quand, dans la grotte, il dit à son compagnon : "Ne t'attriste pas, vraiment Allah est avec nous !" Alors, Allah fit descendre dans l'instant Sa Paix profonde sur lui, et Il l'a conforté par des légions que vous ne voyiez pas. Il a mis au plus bas la parole de ceux qui ont dénié, alors que la Parole d'Allah est la plus haute. Allah, Inaccessible, Sage.* »
> Coran 9:40.

Le début d'une nouvelle ère

C'est à ce moment crucial et qui peut sembler tragique que va naître la civilisation musulmane. Fondateur et extraordinaire tout à la fois, cet épisode de la vie du Prophète n'est pourtant marqué par aucune festivité particulière. Contrairement aux sociétés modernes, les musulmans ne fêtent pas spécifiquement le Nouvel An. Cependant, il reste le marqueur d'un moment décisif où le devenir de la société musulmane s'est joué. Car ce n'est réellement qu'à partir de l'arrivée du Prophète à Médine que la Oumma, communauté muhammadienne ou communauté des musulmans, a commencé à se former comme nous allons le voir.

De nos jours, le 1er Muharram, les musulmans, en écho au jour de l'An occidental et pour saisir une occasion de souhaiter le bien aux amis et à la famille, s'envoient des messages de vœux pour la nouvelle année. Et il n'y a à cela aucun mal[9].

Après avoir été vécu intérieurement pendant plus de dix ans, l'islam est appelé, à partir de l'Hégire, à se manifester extérieurement.

Enseignement

Le terme de « résilience », par lequel
on pourrait aujourd'hui désigner
l'acceptation du destin par le
Prophète,
ne serait-il pas l'une des traductions
possibles du mot « islam » ?

« La résilience accepte le tourment, l'intègre dans sa nature, le digère, et modifie son état pour absorber et non rejeter l'élément perturbateur. »
Aliénor Rouffet.

N'est-ce pas ce que nous apprend le Prophète par son comportement ? Restons patients jusqu'à ce que les conditions du départ soient réunies. Les années de vexations, de mise au ban, de résistance apparemment passive, n'ont-elles pas démontré, pour ne pas dire forgé sa force de caractère ? La patience est une qualité qui peut sembler une faiblesse à qui voit les choses de manière superficielle. Mais quand elle est choisie et même cultivée, n'est-elle pas la preuve d'une grande force ?

« L'homme fort n'est pas celui qui est fort à la lutte, mais c'est celui qui est maître de lui au moment de la colère. »
Hadith.

L'arrivée à Médine : lumière et fraternité dans la Cité

Avant la venue du Prophète, la ville s'appelait Yathrib. Elle prit ensuite le nom de Madinat al-Nabi, ce qui signifie « la ville du Prophète ». De nos jours, elle est appelée Al-Madinah al-Munawwarah, ce qui signifie « la Ville Illuminée » ou « la Cité Lumineuse », sous-entendu : illuminée par la présence du Prophète en son sein. Il est intéressant de noter le lien étroit entre la lumière et le Prophète.

Le Coran nous dit :

« Ô Prophète ! Nous t'avons envoyé comme témoin et annonciateur de bonnes nouvelles, et comme avertisseur, et comme celui qui convie à Allah avec Son accord, et comme flambeau qui porte la lumière ! »

Coran 33:45-46.

Enseignement

La lumière prophétique

Cette lumière est celle de la connaissance qui dissipe les ténèbres de l'ignorance. C'est à ce titre que chez les Arabes, la période préislamique est appelée *Jahiliyyah*, ce qui signifie « la période de l'ignorance ». Les êtres vivant dans cette contrée ayant perdu de vue la réalité divine, une et unique, et le caractère foncièrement bon et beau de l'être humain, l'arrivée d'un Envoyé du Ciel est accueillie avec joie et sincérité par toutes celles et tous ceux dont le voile de la conscience n'était pas totalement opaque, notamment les gens de Médine. La Lumière envoyée par Dieu en la personne du Prophète leur permet de réaliser la lumière qui habite déjà en eux.

En outre, « prier » sur le Prophète est un ordre divin formulé dans le Coran : *« En vérité, Allah et Ses Anges prient sur le Prophète. Ô vous qui croyez, priez sur lui et saluez-le ! »* Coran 33:5.

Il existe à cet égard nombre de formules de bénédictions se référant à la lumière prophétique, comme la *Salat al-Mashishiyyah*[10], qui débute comme suit : *« Ô mon Dieu ! Prie sur celui de qui dérivent les secrets et de qui jaillissent les lumières. » « Allahumma salli 'ala man minhu inshaqqati al-asrar wa an-falaqati al-anwar. »* On dénombre des dizaines d'autres formules confirmant le lien entre la lumière et le Prophète. La formule ci-dessous montre à la fois leur grande variété et la beauté poétique qui s'y cache.

« Ô mon Dieu ! Prie sur notre seigneur Muhammad dont la lumière précède la création, et dont la manifestation est une miséricorde pour les mondes, au nombre de Tes créatures qui sont passées et celles qui restent, des bienheureuses parmi elles ainsi que les malheureuses ; une prière au-delà du dénombrement et de la limite, une prière sans terme ni fin ni échéance, une prière éternelle par Ton Éternité, et [prie] sur sa famille et ses compagnons, et salue[-le] d'une salutation pareille. »
Salat al-Sugra, d'al-Jilani (1078/1166).

Tala' al-Badru 'Alayna

Après avoir vécu la contrainte, les privations, les brimades et plus encore, l'arrivée à Médine du Prophète devint synonyme de joie, d'aisance et d'ouverture. Comme une confirmation du verset qui lui avait été révélé des années plutôt à La Mecque :

« En vérité, à côté de l'adversité est la félicité ! Oui, à côté de l'adversité est la félicité ! »

Coran 94:5-6.

C'est à son arrivée en septembre 622, alors que le Prophète était tant attendu par les gens de la ville, qu'un magnifique chant pluriséculaire nommé *Tala' al-Badru 'Alayna* fut entonné par les habitants de l'oasis réunis le long du chemin. Depuis quinze siècles, les paroles de ce chant ont été mémorisées par cœur de génération en génération, et animent aujourd'hui encore les assemblées de croyants. Ce chant est peut-être même l'un des chants les plus anciens parvenus à l'humanité dans sa forme originelle, paroles et mélodie comprises, grâce à la tradition orale très forte et encore présente chez les Arabes. Généralement chanté par les enfants[11] lors des festivités du Mawlid, il relate l'arrivée du Prophète Muhammad dans la future ville de Médine et la joie des habitants de l'accueillir dans ce qui deviendra Sa cité, pour ne pas dire *la* cité par excellence pour les musulmans du monde entier, éclairée par sa présence et son exemple.

Éblouis par l'exemplarité du Prophète, les habitants changèrent le nom de leur ville. Au lieu de Yathrib, tout le monde l'appela désormais Madinat al-Nabi, « la ville du Prophète », ce qui donnera Madinah, Médine en français. Aux yeux des habitants, Sa personne infusait la ville dans sa totalité, sans qu'aucun espace ne soit plus vide de sa présence.

**« La pleine lune s'est levée
sur nous
Depuis la vallée de Wada'
Et il nous plaît de montrer
de la gratitude
Avec tout appelant à [Allah]
Ô toi, Envoyé parmi nous
Qui est venu avec l'Ordre sacré
Tu as apporté la noblesse
à cette ville
Bienvenue ô meilleur
appelant à [Allah]. »**

Tala' al-Badru 'Alayna

محمد

La référence à la lumière est aussi présente dans ce chant qui décrit le Prophète comme une pleine lune qui diffuse sa douce lumière dans la nuit et permet aux habitants d'y voir comme en plein jour.

Symbole de la personne du Prophète, la lune pleine fait aussi allusion à Son âme entièrement dirigée vers le soleil de la Présence divine et donc, totalement éclairée par Sa Lumière. Tout comme la pleine lune offre totalement sa face aux rayons du soleil, elle les reflète pour nous éclairer dans la plus sombre des nuits, la transformant en sereine beauté comme un mystère enfin dévoilé.

Outre le miracle de la grotte, de nombreux miracles ont jalonné ce voyage fondateur. Chaque détail du voyage vers la cité lumineuse, l'arrivée du Prophète et Son installation pourrait nourrir un ouvrage en soi. Nous allons conter le miracle de la chamelle. Il marque l'établissement dans la ville d'un point d'ancrage d'où va émaner toute la vie de la nouvelle cité et les prémices de la nouvelle civilisation. Siège de l'autorité spirituelle, Médine sera aussi le centre du pouvoir temporel, tout du moins dans les premiers temps, avant que le pouvoir ne se déplace à Damas sous l'impulsion de la dynastie des Omeyyades. Médine sera par ailleurs l'encrier où sera plongée la plume du destin pour écrire les premiers traités qui feront de la ville une cité en lien avec les plus grands empires de l'époque.

Le miracle de la chamelle

Alors que chaque Médinois souhaitait l'accueillir chez lui, le Prophète assis sur sa chamelle nommée Qaswa, lui lâchant la bride, remit son destin entre les mains de Dieu, en indiquant qu'il s'installerait là où la chamelle déciderait d'établir son repos. Sur ce, il dit : « *Laissez-la aller, car elle est sous le commandement de Dieu* » (Parole prononcée par le Prophète, rapportée par Boukhari.)

Il laissa déambuler librement sa chamelle. Elle s'arrêta dans un petit enclos, en repartit puis revint sur ses pas. C'est l'endroit qu'Il choisit comme emplacement de la mosquée et de Sa maison. Deux orphelins, Sahl et Suhayl, voulurent la lui offrir, mais Il refusa le cadeau et leur en paya le prix afin que les lieux Lui reviennent pleinement. Par la suite, Il laissa les lieux en héritage à toute la communauté des croyants. C'est donc sur un seul et même site que la mosquée et Sa maison furent érigées, côte à côte, comme pour signifier que Lui-même était extérieurement tourné vers le monde et intérieurement tourné vers Dieu.

Laissez-la aller, car elle est sous le commandement de Dieu.

Aujourd'hui encore chaque année, des millions de pèlerins visitent le mausolée au dôme vert du Prophète, qui fut autrefois Sa demeure, et qui jouxte Son humble mosquée. Celle-ci s'étend aujourd'hui sur près d'un million de mètres carrés pouvant accueillir 1 800 000 fidèles !

Nom du Prophète calligraphié sur le mur de la mosquée Selimiye, à Edirne (Turquie).

Du pacte de fraternité à la cité musulmane

Il est un épisode particulièrement fondateur pour la direction spirituelle que devait prendre la communauté naissante dans cette nouvelle patrie. Cet épisode est généralement appelé « pacte de fraternité ». Il est relaté dans un document écrit et connu des historiens, nommé « charte de Médine » ou « Constitution de Médine »[12], considéré comme la première constitution écrite au monde[13].

La charte de Médine

Ce document mériterait d'être médité de nos jours, car il instaura une égalité totale entre juifs et musulmans, donnant à chacun les mêmes droits et les mêmes devoirs. Par exemple, si un musulman était agressé, les juifs se devaient de le défendre ; et si un juif était victime d'injustice, les musulmans devaient également voler à son secours. Ce document est en quelque sorte le prolongement, le développement d'une parole sous forme de conseil à méditer, une parole que le Prophète ne cessa de répéter afin d'élever en chaque croyant la conscience de l'unité.

Ceci n'est pas sans nous rappeler le sort des migrants qui, à l'époque actuelle, abandonnent famille et patrie, parfois au péril de leur vie, pour un hypothétique paradis ; et qui, même arrivés sur place pour les plus chanceux, continuent de vivre le rejet et les difficultés. Quel est donc de nos jours le sens de la fraternité humaine ?

Afin que le mot de fraternité ne soit pas vain, le Prophète – sur Lui la Grâce et la Paix –, demanda aux musulmans de Médine appelés les *Ansars*[14] de choisir un frère parmi les *Muhajirin* ou Émigrants[15].

« *Pour resserrer davantage les liens de la communauté des croyants, le Prophète institua à ce moment-là un pacte de fraternité entre les Auxiliaires et les Émigrants, de telle sorte que chaque Auxiliaire ait pour frère un Émigrant qui serait plus proche de lui que n'importe lequel des Auxiliaires, et que chaque Émigrant ait pour frère un Auxiliaire qui lui serait plus proche que n'importe quel Émigrant* » (Martin Lings, *Le Prophète Muhammad*).

Ces liens entre Auxiliaires et Émigrants devinrent si étroits que certains mirent leurs biens à la disposition des nouveaux venus. D'autres partagèrent même leurs propres maisons en deux parts égales afin que leurs « frères » émi-

FOI

« *Aucun d'entre vous n'est véritable croyant tant qu'il n'aimera pas pour son frère ce qu'il aime pour lui-même.* »
Hadith rapporté par Boukhari et Muslim.

L'enseignement contenu dans cette phrase est l'un des enseignements cardinaux de l'islam, qui ne cesse d'être rappelé depuis des siècles, et jusqu'à ce jour, de génération en génération, sans que jamais ne s'épuisent les possibilités de guidance et de perfectionnement moral et spirituel contenu en germe dans cette magnifique expression. C'est elle qui va guider les actes de fraternité des premiers disciples du Prophète.

grants puissent s'y installer. Cette sincérité dans l'accomplissement du conseil du Prophète ne fut possible que parce que Sa personnalité rayonnait sur les âmes des croyants, de telle manière que tous ne cherchaient qu'à suivre Son exemple dans le détachement des biens de ce monde, l'excellence de Ses actions, et la noblesse de Son caractère. Car les paroles ont d'autant plus d'effet que celui ou celle qui les prodigue fait siennes les recommandations qu'il ou elle donne à autrui...

La plupart des musulmans qui arrivèrent à Médine n'avaient ni biens ni famille sur place. Dans cette émigration, ils se retrouvèrent comme égarés, loin de chez eux et de leurs familles, expérimentant les difficultés de ceux qui, arrachés à leur terre nourricière, trouvent difficilement la paix du cœur.

Vis pour ce bas monde... Vis pour l'au-delà

Début de l'année musulmane, l'Hégire est aussi le point de départ de toute la civilisation musulmane. À l'image de rayons partis du centre, chaque ville musulmane, de Jakarta à Marrakech, de Sarajevo à Grenade, d'Ispahan à Boukhara, se veut un reflet de la Médine première. La médina, cœur des cités musulmanes, offrira au croyant toutes les possibilités aussi bien de vivre sa spiritualité comme un avant-goût du paradis, que d'œuvrer en ce monde comme s'il allait y vivre éternellement. Le Prophète n'a-t-il pas dit la parole qui suit ?

> *« Vis pour ce bas monde comme si tu devais y vivre éternellement*
> *Et vis pour l'au-delà comme si tu devais mourir demain. »*
> *Hadith* rapporté par Suyuti.

J'essaie de ne jamais prodiguer un conseil que je ne suis pas en mesure d'accomplir moi-même.

Avec la mosquée comme lieu de ressourcement, le hammam pour la purification, les madrasas et les zaouïas pour l'éducation, les marchés et les souks pour les échanges et le divertissement, les jardins pour la méditation, la ville musulmane offre une nourriture aux trois dimensions qui forment l'être humain, le corps, et l'âme, l'esprit.

Tout comme la graine a besoin de rester enfouie dans la terre pour germer, certains ont passé treize années à se cacher à La Mecque dans la plus grande adversité, payé de leur vie leur attachement à la « nouvelle religion[16] ». Les musulmans purent enfin vivre leur foi au grand jour à Médine, la graine put à la fois offrir ses fleurs et donner ses fruits, qui jusqu'à ce jour nourrissent et embaument la vie de millions d'âmes à travers le monde.

Année hégirienne, noms et calculs des années

Si le mois de Muharram marque le début de l'année musulmane, l'Hégire, elle, n'a pas eu lieu à proprement parler en ce mois. Dans la plupart des mosquées, c'est bien à l'entrée dans le mois de Muharram que les imams rappellent dans leurs prêches les différentes étapes de l'Hégire et les leçons à en tirer.

Un simple calcul nous permet de constater que le 24 septembre 622, date d'arrivée à Yathrib généralement retenue, correspond au 12 Rabi' al-Awwal. C'est donc l'année qui marque le début de l'ère musulmane, et non sa date précise.

Chez les Arabes, il était de coutume de nommer chaque année par un événement marquant. On peut le voir dans les différents textes de la Sira[17] , où l'on parle de l'année de l'Éléphant[18], ou encore de l'année de la Tristesse[19].

Au cours de l'histoire, l'année hégirienne fut l'unique référence pour dater tous les événements du monde musulman, qu'ils soient administratifs ou religieux. Mais depuis le XXe siècle et l'avènement du monde moderne, les documents portent souvent les deux dates juxtaposées. Ou bien, dans certains pays, c'est le calendrier grégorien qui est utilisé dans l'administration afin de faciliter les échanges internationaux, et le calendrier hégirien qui reste de mise dans le domaine spirituel.

LES TEMPS FORTS À RETENIR

Départ du prophète de la Mecque alors que les Quraysh tentaient de l'assassiner. Il passe devant sans être vu d'eux, récitant certains versets du Coran. Il reste pendant trois jours dans une grotte[20] avec Son plus proche compagnon, Abou Bakr As-Siddiq. Une araignée[21] tisse sa toile à l'entrée afin de les soustraire aux regards des poursuivants du Prophète.

Accueilli à Médine par des chants[22], Il laisse le soin à sa chamelle « guidée par Dieu » de choisir l'endroit où il construira la mosquée et Sa maison. Un pacte de fraternité est conclu entre les musulmans émigrants venant de la Mecque et les musulmans médinois. D'autre part, une constitution est élaborée, qui rend tous les habitants de Médine, juifs et musulmans, citoyens d'une même cité, dotés des mêmes droits et soumis aux mêmes devoirs. L'autorité spirituelle et le pouvoir temporel sont accordés au Prophète Muhammad, qui régit la cité en laissant chacun à vivre sa propre religion comme il l'entend. Il règle les différends selon les coutumes habituelles à cette époque. La cité qui n'était qu'une petite oasis devient une ville prospère, un véritable centre où se développent toutes les infrastructures et dimensions nécessaires au rayonnement d'une « nation » : économiques, politiques, sociétales et bien sûr spirituelles. Médine devient la première capitale du monde musulman en devenir.

Les dix premiers jours de Muharram

« Le jeûne le plus vertueux après le mois du ramadan est le mois de Allah, Muharram. Et la prière la plus vertueuse après les prières obligatoires sont les prières nocturnes. »
Sahih Muslim.
« Si tu veux jeûner après le mois de Ramadan, alors jeûne à Muharram, car c'est le mois d'Allah et il y a en lui un jour où Allah a accepté le repentir d'un peuple, et où Il acceptera encore le repentir d'autres peuples. »
Sunan al-Tirmidhi.
« Quiconque jeûne un jour dans le mois de Muharram aura la récompense de trente jours pour chaque jour qu'il jeûne. »
Tabarani, *al-Mu'jam as-Saghir.*

SOUHAITS
Le premier jour de l'année hégirienne, personne n'en tient rigueur à l'autre s'il n'a pas souhaité la bonne année. Il existe cependant une invocation particulière que le Prophète faisait à l'occasion de la nouvelle lune et qui nous a été transmise :
« Ô Allah, apporte-nous avec [ce mois ou cette année] protection, foi, santé et islam, ainsi qu'agrément du Rahman, [le Tout-Rayonnant d'Amour] et éloignement de Shaytan. »
Rapporté par Tabarani, *al-Mu'jam as-Saghir.*

Le premier jour

Certains musulmans conseillent de jeûner le dernier jour de l'année et le premier jour comme jeûne surérogatoire, se basant sur un *hadith* assez peu connu : « *Celui qui jeûne le dernier jour de Dhu al-Hijjah et le premier jour de Muharram termine l'année par le jeûne et commence l'année par le jeûne ; et Dieu lui pardonne les fautes commises pendant cinquante ans.* » Abd al-Qadir al-Jilani, *Al-Ghunya.* Cette pratique n'est toutefois pas très répandue...

Le premier jour de Muharram est un jour férié dans nombre de pays musulmans, sans pour autant que ce soit une généralité. Le jour marquant le début de l'année et la veille, certains musulmans se souhaitent une bonne année. Mais rien de comparable avec les deux fêtes principales de l'islam, lors desquelles chacun et chacune a le devoir d'écrire, d'appeler ou de visiter ses proches.

Dans le monde chiite, mais pas seulement, il en est tout autrement. Le premier jour marque la première décade centrée sur le martyr de l'imam Hussein. C'est alors un jeûne de dix jours qui commence, en mémoire du sacrifice de l'imam Hussein. Il est aussi accompli par les disciples de certaines voies soufies, pourtant sunnites, notamment dans les Balkans et en Turquie.

Chez les sunnites, ces commémorations restent la plupart du temps symboliques, et sont justifiées par l'amour porté aux membres de la Maison du Prophète[23], sans toutefois prendre la tournure de quasi-flagellation qu'elles prennent dans l'aire d'influence du monde chiite[24].

Nous avons pu voir, en Bosnie par exemple, les membres d'une confrérie qui portaient, lors de leurs réunions à cette période de l'année, des gilets de couleur rouge, symbole du sacrifice et du sang versé. Nous avons aussi remarqué que de nombreux disciples jeûnaient sans que cela soit généralisé, chacun restant libre de jeûner ou non, selon ses convictions et ses activités mondaines.

En Turquie, certaines voies se réunissent chaque soir du premier au dixième jour pour se remémorer l'événement du martyr du 10 Muharram par des chants empreints de tristesse.

Ashura, le 10 Muharram, jour béni d'entre les jours

Le point culminant de ce mois sacré est, pour toutes les composantes de la communauté musulmane, sunnite comme chiite, le dixième jour nommé Ashura. Certains considèrent Ashura comme une fête et d'autres comme un deuil !

« *Le messager d'Allah arriva à Médine. Il vit que les juifs jeûnaient le jour d'Ashura. Il dit : "Quel est ce jour ?" Ils dirent : "C'est un grand jour, en lequel Allah a sauvé les enfants d'Israël et noyé les gens de Pharaon, alors Moïse l'a jeûné par remerciement." Le Messager d'Allah dit alors : "Je suis plus proche de Moïse que vous", et il a jeûné. Et a ordonné de jeûner.* » *Hadith* rapporté par Ahmad et Al-Bayhaqi.

« *Le messager d'Allah a envoyé un messager aux cités des Ansars autour de Médine leur disant : "Celui qui a jeûné ce jour, qu'il termine son jeûne, et celui qui a mangé, qu'il jeûne le reste de la journée."* » Al-Bayhaqi, *Les Mérites des jours et des mois.*

Le jeûne

Dans le monde sunnite, c'est ce jour-là que le jeûne est très vivement recommandé. Pour autant, il n'est pas obligatoire, car il s'agit là d'une *sunna*, c'est-à-dire d'une tradition prophétique. Imiter le Prophète dans Ses faits et gestes est considéré comme une bonne action, récompensée par Dieu dans l'autre monde, et qui permet de se rapprocher de Lui en ce monde. Suivre l'exemple du Prophète est aussi la porte de l'amour divin, comme le mentionne ce verset :

« *Dis : "Si vous aimez vraiment Allah, suivez-moi, Allah vous aimera alors et vous pardonnera vos péchés. Allah est Pardonneur et Miséricordieux.* » Coran 3:31

L'Esprit ne subissant ni les vicissitudes du temps ni celles de la matière, l'acte, ou plutôt le non-acte[25] du jeûne, abolit et transcende l'espace-temps et la géographie pour renforcer notre nature spirituelle. Le jeûne, et particulièrement le jeûne surérogatoire, nous permet alors non seulement de nous rapprocher d'Allah mais d'être aimé d'Allah, comme il est mentionné dans le magnifique *hadith* Qudsi :

« *Mon serviteur ne se rapproche pas de moi par quelque chose de plus agréable à Mes yeux que l'accomplissement de ce que Je lui ai prescrit, et mon serviteur ne cesse de se rapprocher de Moi par des œuvres surérogatoires au point que Je l'aime* » (K. Kinany et A. Valsan, *Les Quarante Hadiths Nawawi*).

FOI

Le *hadith* le plus important est celui qui confirme le pardon des fautes passées. Une très grande partie des musulmans jeûnent ce jour-là en référence à ce *hadith*.
« *Le Messager d'Allah a dit : "Le jeûne d'Ashura vaut l'expiation d'une année, et celui d'Arafat vaut deux années : la précédente et la suivante.* »
Hadith rapporté par Suyuti.

La *zakat*

Le mot *Ashura* fait référence au nombre dix, qui se dit en arabe *ashara*. Ce jour d'Ashura fut aussi choisi dans les pays du Maghreb comme jour où la *zakat*, l'aumône légale, est distribuée[26]. La *zakat* correspond au troisième pilier de l'islam. Le nombre dix revêt une grande importance symbolique. On le trouve mentionné en divers endroits du Coran : les dix nuits (sourate 89, verset 2), les dix années de service de Moïse (sourate 28, verset 27)... On le retrouve dans la tradition, avec les dix compagnons promis au Paradis. « *Le nombre 10 comporte en effet l'idée d'un développement complet de l'unité dans un cycle déterminé d'existence* » (Charles-André Gilis, *La Doctrine initiatique du* pèlerinage).

Bien que le montant de la *zakat* soit en général de 2,5 % des biens thésaurisés pendant une année lunaire, pour les récoltes, il est de 10 %. Nous retrouvons là encore le nombre dix, au point que le mot arabe *ash-Shar*, « donner le dixième », est devenu l'équivalent de « payer la *zakat* », aumône qui, de plus, se paye le 10 Muharram !

Il est une autre aumône que la *zakât al-mâl*. C'est la *zakat al-Fitr* : l'aumône de la rupture du jeûne. On la donne aux plus pauvres après la prière du *subh* et avant celle d'*al-'îd*. Le Prophète a préconisé de donner un *sa'* de nourriture pour la zakat al-Fitr, Le poids diffère selon le type de denrées, mais il équivaut en général à environ 3 kilogrammes par personne. Les principales denrées sont le blé, l'orge, le soult, les raisins secs, les dattes, le maïs, le riz, le millet et le lait séché.

Enseignement

La simplicité et la richesse tout à la fois d'Ashura ne nous rappellent-elles pas que nous n'avons finalement besoin que de peu de choses pour nourrir le corps, répandre la joie et revenir à l'essentiel ? Noé n'a-t-il pas dû n'emporter que le strict nécessaire ? Combien de fois nous rendons-nous malheureux pour ce qui est superflu ? Vivifier cet événement en jeûnant, en offrant de la nourriture ou en soulageant la dette d'un pauvre nous permettra de nous inscrire dans un temps beaucoup plus long et qualitatif que notre routine quotidienne, mais aussi nous offrira l'occasion de sortir de notre individualisme, source de tant de nos souffrances parfois avouées, parfois ignorées. Se relier à l'origine de la vie, de prophète en prophète, voilà l'un des sens les plus évidents de la journée d'Ashura. Être au-delà du moi, c'est se relier à Celui qui est notre véritable soi, placer l'Être au-delà de l'Avoir, car la possession ne peut être qu'illusoire et passagère. C'est ainsi que le croyant est appelé à travailler sur ce qui est durable : son âme, vaisseau ici-bas et dans l'au-delà.

« *Tout ce qui est sur elle, [la terre] est évanescent, Ne perdure que la face de ton Enseigneur dotée de Majesté et de Noblesse !* »

Coran 55:26-27.

De grands miracles

Pour rendre compte de la force spirituelle particulière d'Ashura, certains savants ont énuméré les différents grands miracles qui ont eu lieu ce jour-là.

« *Ce jour est appelé Ashura car Dieu a accordé en ce jour dix dons à dix Prophètes : en ce jour, Allah a accepté le repentir d'Adam ; en ce jour, Allah a élevé le Prophète Idris à un haut rang ; en ce jour, le navire de Noé s'établit sur le mont Judi ; en ce jour, Abraham est né, Allah en fit Son ami, en ce jour, et le sauva du feu de Nemrod, en ce jour ; en ce jour, Allah rendit Joseph à Jacob ; en ce jour, Allah a pardonné à David et Il a rendu à Salomon son royaume en ce jour ; Allah a guéri Job, en ce jour ; en ce jour, Allah a sauvé Moïse, lui a ouvert la mer et a noyé Pharaon ; en ce jour, Allah a sauvé Jonas de la baleine ; en ce jour, Allah a élevé Jésus au Ciel...* » (Adnan Kabbani, *Al-Futuhat al-Haqqaniyyah*).

Au sein de la communauté des Prophètes

Ce qui retient l'attention, c'est que ce jour où le jeûne est avant tout conseillé nous relie d'abord au prophète Moïse. Il nous permet de prendre conscience que, dans l'enseignement du Prophète Muhammad, la communauté des Prophètes ne fait qu'un. Cette unité qui transcende les différentes traditions spirituelles apparaît avec encore plus de clarté dans le texte ci-dessus, comme pour nous enjoindre à ne pas nous laisser abuser par la différence de forme. Tous les Prophètes appellent les humains vers Allah, leur origine commune (« comme-une »), et tous sont sur la même voie. C'est ainsi que l'on peut comprendre plus profondément le verset : « *Vraiment, le Culte dû chez Allah est l'Islam*[27] *(= soumission [à la volonté divine])* » (Coran 3:9). En ce sens précis, tous les Prophètes étaient musulmans.

Ce jour de jeûne nous fait donc voyager à travers le temps et l'espace, en nous connectant directement au miracle vécu par les enfants d'Israël auprès du Prophète Moïse : l'ouverture d'un chemin au milieu de la mer Rouge !

> « Et nous révélâmes à Moïse : "Frappe la mer, de ton bâton !" Elle s'entrouvrit et chaque partie fut comme une montagne immense. »
>
> Coran 26:63.

QUE SE PASSE-T-IL EN CE JOUR D'ASHURA ?

On fait le jeûne de l'aube au coucher du soleil pour la grande récompense attribuée : le pardon des péchés de l'année qui précède.

On jeûne également souvent le jour précédant le 9 Muharram, en référence à une autre parole du Prophète : « *Le Messager d'Allah a dit : "Si je vis [jusqu'à] l'année prochaine, si Allah le veut, je jeûnerai [également] le neuvième jour"* » (Al-Bayhaqi, *Les Mérites des jours et des mois*). Mais le Prophète, Lui, n'eut pas l'occasion de mettre sa parole en pratique, puisque ce fut sa dernière année en ce monde...

En ce jour pour les pauvres, il est aussi de coutume de frapper à la porte des gens pour demander « le Droit de Dieu ». Car la *zakat* n'est pas considérée comme une aumône volontaire ni comme un acte de mendicité, mais comme la part revenant à Dieu dans nos biens. Certaines personnes distribuent leur aumône légale ouvertement, à la sortie de la mosquée, notamment dans certains pays d'Afrique, ce qui peut donner lieu à d'importants attroupements. D'autres personnes s'enquièrent de la situation de leurs proches, et donnent le plus discrètement possible afin de ne pas mettre dans l'embarras celui ou celle qui recevra la *zakat*. Dieu dit à ce sujet :

« *Si vous donnez ouvertement vos aumônes, combien elles sont bonnes ! [Mais] si vous les cachez en les donnant aux besogneux, c'est mieux pour vous et efface pour vous [une partie] de vos mauvaises actions. Allah, de ce que vous faites, est bien informé.* »
Coran 2:271

En ce jour, il est de coutume de se montrer particulièrement généreux, car selon un *hadith* :

« *Le Messager d'Allah a dit : "Quiconque comblera sa famille de nourriture durant le jour d'Ashura, Allah l'enrichira toute l'année."* »

C'est une fête également associée à l'enfance, au partage et à la générosité. Traditionnellement, les parents achètent des habits neufs pour les enfants, et des plats spécifiques sont préparés dans chaque pays, chaque région. Mon épouse me raconte que dans son enfance, elle voyait des files s'allonger devant les épiceries. Certains épiciers étaient redevables de la *zakat* pour leurs marchandiseset, de ce fait, distribuaient gratuitement de la semoule, du sucre, des pois chiches ou de la farine. Les familles aisées sacrifiaient un agneau, une chèvre, une dinde ou une simple volaille pour les moins nantis, afin de préparer le repas du soir autour duquel toute la famille se réunissait pour rompre le jeûne ensemble. La maison était embaumée des meilleurs encens. Chaque foyer avait à cœur de partager, avec ses proches, avec ses voisins ou avec les « fils du chemin[28] », des mets, desserts ou autres crêpes.

Un des actes les plus recommandés et les plus méritoires en ce jour consiste à payer les dettes des plus pauvres afin de les libérer de ce poids.

La liste des ayants droit de l'aumône légale nous est donnée par le Coran :

> « *Les offrandes spontanées (sadaqa) sont seulement pour les démunis, et les nécessiteux, et ceux qui les collectent, et ceux dont les cœurs sont à rallier, et les asservis, et les insolvables, et ceux qui œuvrent dans le chemin d'Allah, et les itinérants : c'est une imposition venant d'Allah. Allah, Savant, Sage.* »
> Coran 9:60.

Les familles turques préparent l'*asure*, un dessert traditionnel pour Ashura.

Il est intéressant de constater que ce jour reste en lien avec le sacrifice dans le monde sunnite, bien que la forme en soit moins spectaculaire que dans le monde chiite. Donner de ses biens nécessite un sacrifice, un don totalement désintéressé qui a pour but de purifier[29] les biens dont Dieu nous a fait dépositaires, et qui ne sont dans nos mains que par Sa générosité. Dans certaines régions du Maghreb, les femmes et les jeunes filles se coupent ce jour-là une petite mèche de cheveux afin, dit-on, que leur chevelure soit longue et belle. Il est aussi conseillé de mettre du khôl afin de garder une vision saine, cette dernière recommandation étant d'origine prophétique, d'après Al-Bayhaqi[30].

Toutefois, nombre de savants contemporains contestent toutes les pratiques du jour d'Ashura à l'exception du jeûne. En dehors des actes d'adoration proprement dits, la validité d'une pratique ne peut se baser uniquement sur ce qui a été fait ou non au temps du Prophète. Quelle étroitesse d'esprit pourrait nous amener à juger que la préparation d'un plat de pâtes au poulet, ou l'achat d'habits neufs aux enfants, seraient des innovations blâmables ? Quoi de plus naturel pour l'islam, qui se veut une religion universelle, que d'intégrer les us et coutumes des différentes ethnies, tant qu'ils ne contreviennent pas aux articles principaux de la Foi ?

ASHURA À TRAVERS LE MONDE

Chez les chiites, l'événement est célébré par un deuil accompagné d'un jeûne de 10 jours en mémoire de la mort de l'imam Hussein, petit-fils du Prophète, tué en 680 ou 61H à Karbala par les hommes du calife omeyyade Yazid 1er. On peut alors assister à des scènes spectaculaires lors desquelles des hommes s'autoflagellent, se lacèrent la peau ou se frappent la poitrine. Elles ne sont pas sans rappeler les flagellations qui ont cours chez les chrétiens d'Amérique du Sud ou aux Philippines, qui existaient aussi au Moyen Âge en Allemagne, en Hongrie ou sous d'autres latitudes. Cela peut aussi nous rappeler les rituels du Kavadi chez les hindous. Sans vouloir les justifier, il semble que ce soit une forme de dépassement de soi qui ouvrirait les portes d'une intervention surnaturelle, ou permettrait d'atteindre un état de conscience différent en occultant la douleur infligée au corps.

Mais pour la plupart des musulmans du monde sunnite[31], même si des invocations sont faites à la mémoire de l'Imam Hussein et de ses 70 compagnons martyrs, cette journée est l'occasion d'offrandes, de dons et partages. En Turquie par exemple, les familles préparent l'*asure*[32], aussi connu sous le nom de « *pudding de Noé* », un dessert consistant en un mélange de céréales, fruits frais, fruits et légumes secs. Il est traditionnellement préparé en grande quantité et offert aux amis, voisins et collègues.

Il tirerait ses origines du déluge biblique[33]. Alors que Noé approchait du mont Ararat, il fit l'inventaire des aliments dont il disposait encore sur l'Arche et les mélangea. Que lui restait-il ? La légende parle de blé, de pois chiches, de haricots blancs, de raisins secs, de figues et d'abricots.

Le symbolisme de l'arche de Noé et des graines préservées par Noé nous fait remonter à une époque plus lointaine encore que Moïse, et nous invite à nous penser humblement comme les réceptacles d'une tradition immémoriale.

Safar, la deuxième lune de l’année

صفر

Le mois de Safar est un mois sans commémoration particulière. Comme dans tous les mois de l'année, il compte des semaines de sept jours, certains ayant des particularités comme le lundi, le jeudi et le vendredi, ou les jours blancs. Pour chacun des mois comportant peu ou pas de fêtes ou commémorations, nous présenterons ces moments particuliers qui font que chaque semaine de l'année nous donne la possibilité de mettre à profit ce que l'on nommera des « moments bénis ». À l'instar des jours de pluie qui, dans un pays chaud, sont le moment idéal pour faire des provisions de cette eau que nous offre le Ciel, les jours bénis apportent une pluie spirituelle qui nous permet de nous désaltérer et de faire des provisions pour les jours où l'eau du Ciel se fera moins abondante.

> *« Emportez des provisions de voyage ; mais, vraiment, la meilleure provision de voyage est la crainte révérencielle de Dieu. »*
> Coran 2:197.

FOI

SAFAR AL-KHAYR

Nous mentionnons certaines pratiques pour donner un aperçu à ceux qui voyageraient en Orient, notamment en Turquie, au Pakistan ou en Inde, au sein de certaines voies soufies. Dans ces voies, le mois de Safar est considéré comme un mois d'épreuves, particulièrement le dernier mercredi du mois. « *C'est durant ce mois que les calamités sont descendues sur la plupart des communautés précédentes* » (Adnan Kabbani, *Al-Futuhat al-Haqqaniyyah*). Comme pour conjurer son aspect « funeste », il est appelé Safar al-Khayr, le bon Safar. Il est conseillé d'accomplir chaque jour de ce mois une obole (la *sadaqa*), et de lire chaque jour sept fois la sourate de *l'Éléphant* et sept fois *Ayat al-Kursi* afin de se prémunir et de ne pas voyager inutilement, selon certaines sources. Mais sur ce sujet, aucune unanimité ne se dégage. Il s'agirait de croyances qui avaient déjà cours à l'époque antéislamique, ce qui ne veut pas dire pour autant qu'elles soient dénuées de sens, bien au contraire.

Comprendre la *sunna*, la langue, certaines qualités et traits de caractère du Prophète (comme la générosité) nécessite de se référer à l'époque antéislamique. Un certain nombre d'actes de la *sunna* trouvent en effet leurs racines dans la manière de faire des Arabes de l'époque précédant l'islam. Pour la signification des mots du Coran également, les hommes de lettres se réfèrent aux ouvrages explicitant le sens des mots à l'époque antéislamique.

Une autre raison pour laquelle ce mois de Safar est considéré comme difficile, voire funeste est que, durant ce mois, le Prophète fut atteint par une maladie qui finit par l'emporter quelques jours plus tard. Mais là encore, l'unanimité n'étant pas établie sur ce sujet, nous en resterons au stade des indications. Dieu est plus savant !

Le vendredi, jour de l'assemblée

Pour parler néanmoins de belles choses en ce mois, nous allons dresser ici un panorama des différentes vertus du jour de la semaine le plus important pour la communauté musulmane : le vendredi, *al-Jumu'ah*.

On l'a dit, on ne célèbre aucune commémoration particulière en ce mois, mais le vendredi est une fête hebdomadaire. À chaque lunaison, c'est donc au minimum 4 jours de fête qui nous sont offerts. Chaque semaine, le croyant attend avec impatience cette fête qui vivifie les cœurs, ce jour si particulier où pleuvent les bénédictions.

Le Prophète – sur lui la Grâce et la Paix – a dit :

« Le meilleur jour sur lequel le soleil s'est levé est le jour du vendredi. C'est le jour où Adam fut créé, le jour où il fut introduit dans le paradis, le jour où il descendit sur terre, le jour où Allah lui a pardonné son péché, le jour où il mourut et le jour où aura lieu la résurrection. »

Hadith rapporté par Muslim.

En effet, au sein de la communauté musulmane, il est devenu habituel de s'échanger chaque vendredi des messages de bénédiction. On utilise la formule consacrée « *Jumû'ah Moubarakah* », qui signifie : « Je vous souhaite un vendredi empli de bénédictions. » Les croyants du monde entier se souhaitent *Jumû'ah Moubarakah* dans leurs échanges fraternels, familiaux comme professionnels : *Jumu'ah Moubarak* par Facebook, WhatsApp, Instagram ou TikTok, par un simple SMS ou MMS accompagné d'une belle photo de mosquée ou de roses, ou d'une prière sur le Prophète, ou tout à la fois. Pour certains sites Internet aussi, il est devenu habituel de souhaiter chaque vendredi à leurs internautes *Jumû'ah Moubarakah*.

Le jour du vendredi se dit en arabe *Yawm al-Jumu'ah*. *Yawm* signifie tout simplement « jour », et *al-Jumu'ah* « assemblée », « réunion ». Ce dernier mot porte également l'idée de synthèse, d'un ensemble de plusieurs choses ou êtres qui ne font qu'un. Le vendredi est qualifié de « meilleur des jours ».

La première phrase du *hadith* ci-contre évoque le soleil, la clarté et la lumière, et la met en relation spéciale avec ce jour. Pour se rendre à la prière du jour du vendredi, l'assemblée des croyants se pare souvent d'un vêtement de couleur blanche, comme pour s'identifier à la lumière blanche du soleil de midi, heure précise de la *Salat* (prière). La couleur blanche symbolise aussi l'unité dans la multiplicité ; la couleur blanche est d'ailleurs la synthèse de l'ensemble des couleurs du cercle chromatique.

Dans la deuxième phrase, c'est à la création d'Adam qu'il est fait référence. Or dans le Coran, Adam est le père de l'humanité. Il porte « en ses reins » toute sa descendance. Il porte en lui la postérité entière, symbolisant par là même l'être unique dont seront issus tous les êtres humains dans leur diversité. Sommet de la Création, il porte aussi en lui les trois règnes minéral (par ses os), végétal (par ses cheveux) et animal. Il a la possibilité soit de descendre dans l'infrahumain (les mondes sataniques), soit de s'élever vers le suprahumain (les mondes angéliques), ce qui fait de lui une synthèse de la Création et le seul être capable de connaître à la fois les mondes visibles et invisibles, tout du moins leur potentialité.

« Ton Seigneur a fait sortir des reins d'Adam toute sa postérité, et l'a interrogé, disant, ne suis-Je pas votre Seigneur ? Ils ont répondu, oui Tu es notre Seigneur, nous le savons bien : ils ne pourront donc pas dire au jour du Jugement qu'ils n'ont pas connu son unité. »
Coran 7:171[34].

Honorer ce jour est un devoir qui incombe à tout musulman. Chaque musulman s'expose aux rayons de la Présence divine qui brille particulièrement en ce jour, même si le soleil est voilé par les nuages. En s'exposant aux effluves célestes, il fait ressortir le meilleur de la condition humaine, et se rapproche de son Seigneur dans un acte d'adoration qui condense tout le bien nécessaire pour s'élever vers les sphères célestes et se rapprocher du divin. Les lumières d'un vendredi nourrissent suffisamment l'âme jusqu'au vendredi suivant.

Prière du vendredi à la mosquée Eyüp Sultan d'Istanbul (Turquie).

« Ô vous qui avez cru, quand on appelle à la prière du jour du vendredi, accourez à l'invocation de Dieu et laissez tout commerce, cela est bien meilleur pour vous, si vous saviez. »
Coran 62:9.

Se tenir debout en prière

Se tenir debout en prière tous ensemble derrière l'imam est un acte d'adoration qui nous ramène à la raison même de notre création. Cette idée est corroborée par la parole divine : « *Je n'ai créé les Génies et les Humains que pour qu'ils M'adorent* » (Coran 51:56). Mais quel est le but de cette adoration ? Selon Ibn Abbas[35], compagnon du Prophète considéré comme l'exégète par excellence du Coran, l'adoration signifie dans ce verset la Connaissance. Un autre verset du Coran fait d'ailleurs écho à cette interprétation : « *Et adore ton Seigneur jusqu'à ce que vienne à toi la Certitude* » (Coran 15:99). Mais qu'est-ce que la Certitude, sinon la Connaissance ?

Par ailleurs, la position debout est particulière à l'être humain. Elle fait de lui le symbole du lien établi entre le Ciel et la Terre. En priant ainsi, l'homme honore son origine divine. C'est d'ailleurs dans la position axiale que doit être récitée la Parole de Dieu, le Coran. Pour la prière du jour du vendredi, les musulmans se réunissent à la mosquée pour prier en commun, pour se retrouver devant Dieu comme un seul homme et, en dépit de la singularité de chacun, prendre conscience de leur unité.

FOI

L'UNITÉ DES CROYANTS

Ne faire qu'un, tous ensemble, comme des frères et comme des sœurs, voilà ce à quoi nous invite cette réunion du jour de l'assemblée.

Mais pour que cette conscience soit réelle, il faudrait que le cœur soit purifié de tous les voiles qui empêchent notre lumière intérieure de briller. Cet autre *hadith* évoque le symbole de cette purification intérieure, en parlant de la purification extérieure recommandée en ce jour :

« *Tout homme qui se lave le vendredi, se purifie au mieux, se parfume, se rend ensuite à la mosquée pour y prendre place sans séparer les fidèles, puis accomplit les prières qu'il était destiné à accomplir, puis qui se tait et écoute attentivement la prise de parole de l'imam, n'agira pas ainsi sans voir les péchés qu'il a commis entre les deux vendredis pardonnés, pour autant qu'il ne commette pas de péchés capitaux.* »
Hadith rapporté par Boukhari.

Se parer, se préparer, se purifier, se parfumer et prendre place sans séparer les fidèles fait encore allusion à la communauté de cœurs à laquelle nous invite le Prophète en ce jour si particulier. Juste après, il nous invite à faire silence pour mieux écouter. Le silence est très important pendant le prône de l'imam de cette prière hebdomadaire. Selon l'école malikite, parler pendant le prêche annule la validité de la prière. Cette écoute attentive n'est-elle pas une posture de réceptivité totale qui permet de ne rien perdre de l'immense pluie de bénédictions célestes qui en ce jour descendent pour nous abreuver ?

SILENCE ET ÉCOUTE ACTIVE

Ne peut-on pas voir dans le fait de faire silence pour écouter attentivement l'imam une manière d'apprendre à écouter l'autre dans notre vie de tous les jours ?
Si nous agissons et nous tenons ainsi, alors nous recevrons le pardon de Dieu, nous promet le *hadith* ci-dessus. Mais qu'est-ce que le pardon de Dieu ? C'est le fait qu'Il recouvre nos erreurs de Sa mansuétude et accepte de nous rapprocher de Lui, en nous évitant le péché qui nous éloigne à la fois de Lui et de notre propre réalité, car nous sommes tous créés purs — le péché n'étant rien d'autre que ce qui nous blesse ou blesse autrui.

Le jour où les invocations sont exaucées

« Le vendredi est un jour d'adoration. Il est pour les jours de la semaine, ce qu'est Ramadan parmi les autres mois. Le moment pendant lequel Dieu, exalté soit Son nom, exauce les invocations en ce jour équivaut à la Nuit du Destin pendant le mois de Ramadan[36]*. »*
Ibn al-Qayyim, *Zad al-Ma'ad.*

Prêter attention à ce jour chaque semaine nous permet de recevoir au creux de notre âme, les meilleurs dons de Dieu. Tout comme les mois ont leurs particularités et prérogatives, il en va de même pour les jours de la semaine. L'idée est encore plus intensément inscrite dans le *hadith* qui suit, comme pour nous confirmer que chaque semaine, nous pouvons recevoir une somme de bienfaits extraordinaires en cette journée de l'assemblée. Ainsi la fête divine se renouvellerait pour nous de vendredi en vendredi, tout au long de l'année.

En dehors de la *Salat al-Jumu'ah*, et des invocations, une autre belle action est conseillée en ce noble jour : la prière sur le Prophète[37]. Cette traduction habituelle ne rend pas très bien compte de la réalité, et s'apparente plutôt à un appel de la grâce divine sur le Prophète.

« Parmi les meilleurs de vos jours, il y a le jour du vendredi. [...] Multipliez les prières sur moi ce jour-là, car certes vos prières me sont présentées. Ils ont dit : "Ô Messager de Dieu, comment nos prières te seront présentées alors que ton corps sera décomposé ?" Le Prophète, paix et salut sur Lui, a dit : "Certes Dieu a interdit à la terre de manger le corps des prophètes." »
Hadith rapporté par Ahmad.

« Le vendredi est le plus excellent et le plus distingué jour parmi les autres jours de la semaine aux yeux de Dieu, si bien qu'il a plus de mérite que l'Aïd al-Fitr et l'Aïd al-Adha. »

Hadith rapporté par Ibn Majah.

FOI

LA *SALAT ALA NABI*

La *Salat ala Nabi* (nom arabe de la prière sur le Prophète) peut s'effectuer de une à mille fois au cours de la journée. Généralement, les croyants comptent, à l'aide des mains ou d'un chapelet, dix, vingt, trente-trois, soixante-dix ou cent fois. Il existe de nombreuses formulations possibles. Nous en donnerons ici trois exemples.

La formulation la plus connue est celle qui est récitée lors de l'accomplissement des cinq prières quotidiennes. Elle est connue sous le nom de *Salat al-Ibrahimiyyah*[38], mais elle est un peu longue et pas évidente à apprendre par cœur pour des néophytes.

La formule minimale pour faire la prière sur le Prophète consiste à dire seulement : « *Allahumma Salli wa Sallam Ala Muhammad* », ce qui signifie : « Ô mon Dieu, répands Tes Grâces et Ta Paix sur Muhammad. »

Mais généralement, on y adjoint des bénédictions sur la famille du Prophète : « *Allahumma Salli 'Ala Muhammad wa 'ala Ali Muhammad wa Sallim* », « Ô mon Dieu, répands Tes Grâces sur Muhammad et la famille[39] de Muhammad ainsi que Ta Paix. »

Le troisième exemple inclut dans les bénédictions la famille et les compagnons du Prophète. Cette formule est très utilisée dans tout le monde musulman. Afin de pouvoir être récitée en groupe, elle est mise en mélodie. Elle a même été mise en musique par le célèbre chanteur musulman Sami Yusuf, originaire d'Azerbaïdjan.

« *Allahumma Sallî 'ala Sayyidina Muhammadin an-Nabiyyi al-Ummiyyi*
Wa 'ala alihi wa sahbihi wa Sallim. »
« *Ô, Allah, envoie ta paix et tes bénédictions sur notre Maître Muhammad, le Prophète illettré, ainsi que sur sa famille et ses compagnons*[40]. »

Il existe des centaines, voire des milliers d'autres formules. Certains auteurs ont écrit des ouvrages entiers[41] emplis de formules d'éloges au Prophète, qui sont autant d'expressions de l'amour débordant qu'ils ont pour lui, qui décrivent ses caractéristiques spirituelles et son total effacement dans la volonté divine. Ces prières permettent à la fois de se relier à sa personne comme pour en recevoir la *Barakah*[42] et de nous plonger dans les grâces divines dont il a fait l'objet comme pour actualiser sa présence parmi nous. Le verset donnant l'injonction de « prier sur lui » est un impératif, qui donne à la phrase un accent d'éternel présent !

« *Allah et Ses Anges prient sur le Prophète. Ô vous qui croyez ! Priez sur le Prophète et appelez sur lui le salut !* »
Coran 33:56.

Cette traduction peut sembler sèche, mais a le mérite de mettre en exergue l'impératif donné aux croyants. Les croyants qui « prient » sur le Prophète ne font en réalité qu'imiter les anges et la Présence divine.

LE COUSCOUS DU VENDREDI : LA GÉNÉROSITÉ

Les effluves descendus du Ciel doivent forcément se manifester sur Terre, comme pour les rendre visibles. En ce jour donc, de nombreux pauvres se rendent dans les mosquées pour mendier ou manger quelques cuillerées de couscous. Les familles qui souhaitent faire une *sadaqa*, une offrande, envoient généralement un plat de couscous à la mosquée pour les nécessiteux. Dans les pays du Maghreb, notamment en Algérie, le vendredi étant un jour férié, après la prière en commun, le repas de midi est partagé en famille dans les foyers, avec au menu le sacro-saint couscous.

Le couscous est un véritable symbole à bien des égards. Trois aspects sont essentiels. D'une petite quantité de semoule, s'il est bien roulé et convenablement cuit à la vapeur, son volume va croître deux à trois fois, voire plus pour les plus experts. C'est donc une véritable bénédiction, notamment pour les familles les plus pauvres, mais aussi pour les autres qui peuvent goûter à ce petit miracle.

Ce plat permet également d'inviter sans façon un ami ou un pauvre rencontré à la mosquée. Nul besoin du protocole usité en d'autres occasions, qui nécessiterait de préparer une entrée, un plat et des accompagnements. Le couscous se suffit à lui-même.

Le couscous, enfin, est un plat qui se mange à plusieurs. Il est servi dans un grand plat rond, en bois ou en terre cuite, couvert ou non de céramique, orné ou non de décorations, qui va servir à partager la *barakah* (bénédiction). Tous les convives sont assis à même le sol ou sur une table plus ou moins haute. Ils forment un cercle qui symbolise le retour vers l'unité, sinon notre dépendance envers le centre. Le plat relie les rayons du cercle et symbolise le centre. Les mains tendues vers le milieu du plat, chacun va aller puiser son *rizq* (sa subsistance), qui provient pour tous du même et unique endroit. Dans certaines contrées, le couscous est encore mangé à la main qui sert de cuillère naturelle ; dans d'autres régions, on utilise des cuillères en bois ou, dans les régions plus modernes, notamment dans les grandes villes, en métal. C'est ainsi que se partage ce plat qui peut s'agrémenter de mille façons : aux légumes, à la viande, avec du lait, des fruits, du petit lait ou même avec de l'huile d'olive, du beurre ou du ghee.

Des milliers de graines,
Comme autant d'étoiles !
Un seul contenant,
Pour des milliers de mondes,
Roulées et anoblies,
Par une main magistrale,
Nourriture divine,
Que nous envient les anges,
Transforme le pauvre en riche,
Et le sultan en derviche
Réunit nos âmes,
Qui ne deviennent qu'une seule âme !

Rabi' al-Awwal,
la troisième lune de l'année

Le printemps des cœurs

ربيع الأول

Le Mawlid

De nos jours, des discussions perdurent pour savoir s'il est permis ou non de célébrer la venue au monde du Prophète Muhammad. Nous ne parlerons pas à la place des savants[43] qui ont écrit suffisamment d'ouvrages sur le sujet, et qui expliquent, point par point, le bien-fondé d'une telle célébration et l'inanité des arguments qui voudraient l'interdire (Suyuti, *De la célébration de l'anniversaire du Prophète*). Mais pour couper court à toutes les idées en vogue depuis l'avènement du wahhabisme[44], nous citerons un *hadith*, qui éclaire le point qui revient sans cesse, à savoir : l'innovation. L'innovation peut être de deux sortes, bonne ou mauvaise, et non pas simplement mauvaise comme il est habituel de le sous-entendre dans les discours relayés ici et là. La preuve formelle est donnée par le *hadith* suivant, où le Prophète dit : *« Quiconque instaure en islam une pratique louable en tirera une double récompense : la première, pour l'avoir instaurée, la seconde représentée par la somme des récompenses acquises par ceux qui l'auront imitée, sans que cela diminue en rien leur propre récompense*[45]. »

Une fois ce point éclairci, nous souhaiterions amener le lecteur à réfléchir à la raison pour laquelle il est souhaitable de célébrer ou de commémorer le *Mawlid An-Nabawwi al-Sharif*[46].

Une histoire d'amour

Tout au long de l'année, les croyants se réjouissent des moments bénis que Dieu leur offre lors des fêtes de l'Aïd, lors des vendredis des troisièmes tiers de la nuit, ou simplement lors des ablutions accomplies pour les cinq prières quotidiennes. En plus de rafraîchir le corps dans les pays chauds, ces ablutions sont comme une pluie bienfaisante pour l'âme.

Il est des femmes et des hommes qui, à l'annonce de la nouvelle lune de ce mois, trouvent « la fraîcheur de leurs yeux[47] ». Cette catégorie est celle des amoureux du Prophète Muhammad — sur Lui la Grâce et la Paix.

FOI

Le Messager d'Allah a dit : *« Personne d'entre vous ne sera [véritablement] croyant s'il n'éprouve pas pour moi plus d'amour que pour son père, ses enfants et pour le reste de l'humanité »* (*Sahih al-Boukhari*).
Le Prophète, par ce *hadith*, nous encourage à apprendre à L'aimer non pas pour sa propre personne, mais parce que l'aimer nous mène à l'amour de Dieu. Dieu n'a-t-il pas fait don de Son amour rayonnant au Prophète en le qualifiant de « Miséricorde pour l'univers », *Rahmatan lil 'alamin* ? Par ce don, il devient pour nous le canal de cet amour divin, comme il est dit dans le Texte sacré : *« Nous ne t'avons envoyé que comme Amour rayonnant pour les êtres de l'Univers. »* Coran 21:107

D'où vient cet amour dont Il est Lui-même revêtu ? Il vient du nom *Al-Rahman*, le Tout-Rayonnant d'Amour, dont Allah l'a paré. Il est, selon ce verset, une porte qui s'est ouverte à l'humanité pour atteindre le bonheur que recherche inlassablement tout être humain. Non pas un bonheur éphémère comme nous en vivons parfois, mais un bonheur sans limites, dont tous les beaux moments vécus ici-bas ne seraient que le reflet, un avant-goût du paradis éternel. Ce paradis, c'est la proximité *Al-Rahman*, le Tout-Rayonnant d'Amour, dont le Prophète est si proche qu'Il en est devenu un vecteur. C'est donc en s'approchant du Prophète que l'on peut s'approcher d'*Al-Rahman*, le Tout-Rayonnant d'Amour.

Mais on peut se demander comment suivre quelqu'un qui n'est pas là ? C'est en le rendant présent dans nos vies, en l'imaginant près de nous, tout simplement. Dieu demande de faire appel à l'imagination pour Lui-même, dans le fameux *hadith* où il est dit au sujet de l'Excellence (*Al-Ihsân*) : « *L'Excellence, c'est, répondit le Prophète, sur Lui la Grâce et la Paix, que tu adores Allah comme si tu Le vois, car si tu ne Le vois pas, certes, Lui te voit* » (An-Nawawi, *Les Quarante Hadiths*, *hadith* n° 2).

Même s'Il nous le demande, nous ne pouvons imaginer Dieu, car Il dépasse toutes les limites de notre « petite raison ». Mais il est bien plus facile d'imaginer le Prophète qui est comme nous un humain. Suivre quelqu'un, c'est tout faire pour rester proche de lui. Comme l'amoureux, qui demande constamment la compagnie de l'être aimé.

Al-Mustafa, l'élu

Le Prophète a été choisi, d'où son nom *Al-Mustafa*, qui signifie « l'élu ». Il a été choisi en vertu des qualités qui lui ont été conférées par la Présence divine. Observer les qualités du Prophète nous amène à méditer sur leur absence en nous, sur le peu de place qu'elles occupent ou le peu d'écho qu'elles trouvent dans nos actions. Méditons avec espoir, jusqu'à comprendre que nous pouvons essayer d'acquérir ses qualités petit à petit, en nous améliorant chaque jour.

« *Vous avez dans l'Envoyé de Dieu un bel exemple pour ceux qui placent leur espoir en Dieu et dans le Jour dernier et qui se remémorent Dieu fréquemment.* »
Coran 33:21

Il est très courant, lors des réunions du Mawlid, que Ses qualités ou Ses noms[48] soient récités ou chantés. Toute personne sincère dans son cheminement spirituel souhaite passer un moment à l'écoute des belles qualités du Prophète. Une de ses nombreuses appellations est *Habib Allah*, le Bien-Aimé d'Allah. Nombre de musulmans s'expriment en ces termes en s'adressant à Lui : « *Ya Habibi Ya Rasul Allah* », « Ô mon bien-aimé », « Ô Envoyé d'Allah. » C'est une véritable histoire d'amour et d'admiration qui lie les croyants au Prophète. Une rencontre qui a lieu hors du temps et de l'espace et qui se prolonge depuis quatorze siècles.

« Vous avez dans l'Envoyé de Dieu un bel exemple pour ceux qui placent leur espoir en Dieu et dans le Jour dernier et qui se remémorent Dieu fréquemment. »

Coran 33:21

Qui est Muhammad ?

Il est le fils d'Abdullah ibn Abd al-Muttalib, le grand-père du futur Prophète était un des chefs les plus respectés de La Mecque. Il est en outre le fils de Hashim, fils de Abd Manaf, fils de Qussay [...][49], fils d'Adnan, fils d'Ismaël, fils d'Abraham[50] et de Hagar[51]. La noblesse de cette lignée ne fait aucun doute[52] dans la société mecquoise dans laquelle il fut appelé à naître, la généalogie étant une science précise, très développée chez les Arabes de son temps. De nos jours, il est possible de dresser un arbre généalogique sur quinze[53] siècles pour établir la noblesse d'une personne. Dans le monde musulman, la noblesse est due au lien avec le Prophète Muhammad à travers sa fille Fatimah. Fils d'une lignée noble, il est aussi le point de départ de la noblesse qui aura cours dans le monde musulman, dont nombre de dynasties se réclamèrent et se réclament encore aujourd'hui.

Le Prophète Muhammad est donc le fils d'Abdullah. Abdullah était le plus jeune fils d'Abd al-Muttalib, son dixième garçon. Or, Abd al-Muttalib avait promis à Dieu de lui sacrifier un enfant mâle si Dieu lui donnait dix garçons. Ayant décidé d'accomplir sa promesse, le moment venu, Abd al-Muttalib fut empêché par les membres de la famille de son épouse. Pour tenir parole, et après avoir pris conseil auprès des sages, il fut contraint, pour racheter la vie de son fils, de sacrifier cent chameaux à l'issue de tirages divinatoires. C'est ainsi que le père du futur Prophète échappa au sacrifice promis à Dieu par son père. C'est aussi en raison des cent chameaux sacrifiés en échange de la vie d'Abdullah, que le Prophète aurait dit : « *Je suis le fils des deux sacrifiés* », en référence à Ismaël[54] et à son père Abdullah.

Abdullah fut marié à Amina, fille de Wahb, qui tomba rapidement enceinte, mais il mourut avant même la naissance de l'enfant. C'est donc orphelin de père que Muhammad, fils d'Abdullah et d'Amina, allait voir le jour.

La famille du Prophète. Illustration de
La Chronologie des nations d'al-Bīrūnī, XVᵉ siècle.

Le lundi 12 Rabi' al-Awwal

La naissance de Muhammad eut lieu, selon la tradition, le douzième jour du mois de Rabi' al-Awwal, au mois de mai de l'an 570 de l'ère chrétienne.

« *L'unique consolation d'Amina fut l'enfant que lui laissait son époux décédé et qu'elle portait encore en son sein, et elle sentit son chagrin s'adoucir à mesure que la date de la délivrance se rapprochait. Elle avait conscience de porter en elle une lumière et, un jour, celle-ci rayonna devant elle si intensément qu'elle put apercevoir les châteaux de Busra, en Syrie. Et elle entendit une voix qui lui disait : "Tu portes en ton sein le seigneur de ce peuple ; lorsqu'il naîtra, tu diras : 'Je le place sous la protection de l'Unique, contre la perfidie de tout envieux' ; puis tu lui donneras comme nom Muhammad"* » (Martin Lings, *Le Prophète Muhammad*).

Il est raconté que, le jour de sa naissance, les feux des Mazdéens s'éteignirent tous, que les palais de Khosro tremblèrent, et que des milliers d'idoles tombèrent à la renverse. La joie de sa naissance gagna toute la tribu des Quraysh. On dit que la joie qu'exprima ce jour-là son oncle Abu Lahab – qui deviendra pourtant l'un de ses plus grands ennemis – fut telle qu'elle lui vaudra chaque lundi un allègement de son supplice en enfer. Et en effet, sa joie fut telle qu'il affranchit, de surcroît, l'une de ses esclaves !

FOI

VIVRE INTÉRIEUREMENT ET EXTÉRIEUREMENT LE MAWLID

À l'entrée de ce mois béni, les amoureux du Prophète sont saisis de joie. La manière de vivre intérieurement cet événement dépend de notre lien d'affection à la personne du Prophète. Mais extérieurement, on peut voir que les bougies, les sucreries et les chants sont les expressions les plus habituelles de cette belle fête.

Les bougies symbolisent la lumière prophétique venue éclairer nos âmes qui sans cette lumière seraient égarées. Les sucreries et l'abondance de nourriture sont les signes de sa bonté et du don qu'il a fait de sa personne, de sa vie entière au service de Dieu pour guider l'humanité. Et les chants sont une louange, sont une manière de remercier dans la joie, de célébrer son noble caractère, et de se rappeler le chemin auquel il nous invite.

Muhammad dans les bras de sa mère, en présence de son grand-père, Abd al-Muttalib, et d'habitants de La Mecque. (Miniature conservée au musée de Topkapi, Istanbul, Turquie.)

Le Mawlid dans le monde

Pendant des siècles, la fête du Mawlid fut célébrée dans toutes les contrées du monde islamique, de l'Afrique à l'Indonésie, de l'Arabie aux confins de l'Ouzbékistan, en passant par les contrées balkaniques d'Europe centrale. Même si la célébration perdit en intensité pendant les années où le wahhabisme (vision puritaine et rationaliste de la religion) tenta d'étouffer le monde musulman de sa vision étriquée, ces célébrations reprennent de plus belle à travers le monde. Le pays qui avait voulu priver les musulmans de ce moment de joie et de partage semble lui-même revenir en arrière : ainsi le Mawlid est-il de nouveau autorisé en Arabie dite « saoudite ».

Des souvenirs d'enfance à nos jours

Mon épouse me raconte que dans son enfance, les enfants chantaient toute la soirée à la lumière des bougies qu'ils avaient achetées grâce à la générosité des adultes. Ils mangeaient des tas de sucreries, et on leur mettait du henné sur les mains pour que ce jour reste gravé dans leur mémoire, et dans l'attente de l'aube du jour où le Prophète allait naître.

Les mosquées étaient remplies de fidèles drapés de nobles habits, burnous et autres djellabas dont la blancheur les impressionnait. Les enfants, rois de la fête, accompagnaient les adultes pour écouter l'histoire de la vie et de la naissance du Prophète. Les chants en son honneur se prolongeaient souvent jusqu'au petit matin, et la chorale des enfants y participait également avec fierté. Fierté des enfants que les adultes récompensaient, reconnaissant leur mérite d'avoir appris les belles chansons et les poèmes enivrants, fierté des parents de voir leurs enfants suivre le chemin du Bien-Aimé. Les offrandes de mets sucrés et salés se succédant, tout au long de la longue et lumineuse soirée.

Aux premières rougeurs de l'aube, à peine le premier appel à la prière du matin était-il lancé que les femmes offraient leurs youyous au Ciel afin que la bonne nouvelle se répande dans toutes les maisons. Les enfants qui dormaient se réveillaient alors de leur profond sommeil, l'odeur de la semoule grillée leur chatouillant les narines. Chaque foyer préparait la *tamina* (*takneta*, *tomina* ou *sellou* selon les régions) pour orner la table du petit déjeuner. Ce délice sucré composé de semoule, miel, beurre et cannelle pour la version la plus simple, mais à laquelle on peut ajouter amandes, noisettes et graines de sésame, est en principe préparée pour la femme qui vient d'accoucher, ce mélange donnant de la vigueur. Tout était fait comme s'il fallait accueillir Amina, la mère du Prophète, et lui donner des forces.

Pour le repas du midi, les plus riches sacrifiaient des animaux pour en partager la viande avec les plus pauvres ou avec les proches au sein du cocon familial, ou pour l'offrir en offrande à la mosquée. On avait le droit à un couscous, à un *berkoukes*[55] ou à un *rougag*, chaque région ayant sa spécialité.

De nos jours, les célébrations donnent lieu à de très grandes réunions dans certains pays, notamment en Malaisie, en Indonésie, au Sénégal, en Égypte et au Pakistan, mais aussi aux Comores, en Turquie, en Tanzanie, en Inde, au Mali, au Maghreb… Mais, on découvre aussi, sous la plume d'Ibn Battuta, que le Mawlid était déjà fêté à La Mecque au XIVe siècle.

« Le Qadi [juge] de La Mecque, le savant, l'adorateur vertueux, Najm ud-Din Muhammad, fils de l'imam, du savant Muhyi ad-Din At-Tabari, est un homme honorable, qui fait preuve de beaucoup de charité, et de réconfort envers les visiteurs du Haram [enceinte sacrée] [...]. Il distribue beaucoup de repas dans les grandes occasions, particulièrement lors de la Commémoration du Mawlid du Messager d'Allah. En cette occasion, il offre des repas aux chérifs[56] *de La Mecque, aux notables comme aux pauvres, à ceux qui travaillent au sein de la Mosquée sacrée, et à l'ensemble des visiteurs séjournant dans l'enceinte sacrée »* (Ibn Battuta, *Voyages*).

Le Mawlid, c'est souvent aussi l'occasion pour les membres des confréries soufies de rencontrer dans la *zawiyya*-mère les disciples du monde entier en présence du Maître de la voie[57]. Dans certaines *zawiyyas*, les réunions commencent dès le début du mois et se prolongent jusqu'au dernier jour[58]. Les processions dans les villes agrémentées de chants *a capella*, parfois accompagnés de tambourins, ont toujours cours de nos jours au Maroc, en Algérie, en Tunisie et ailleurs...
Au Maghreb, un des plus fameux Mawlid[59] est celui de Timimoun, où les festivités durent au moins sept jours. Chaque tribu du Gourara parcourt à pied, à cheval ou à dos de chameau de grandes distances pour se retrouver dans un espace sacré, la *hufra*, le jour du 19 Rabi' al-Awwal, c'est-à-dire le septième jour suivant la naissance du Prophète. Chacun porte le drapeau-étendard de sa tribu, et les carabiniers se préparent à faire feu tous ensemble dans un brouhaha joyeux. À la fois festive et majestueuse, cette fête est aussi celle du partage, chaque maison gardant sa porte ouverte. On peut déguster un couscous là où bon nous semble, aucune porte n'est fermée, chaque maison se faisant un honneur d'offrir de la nourriture aux visiteurs. Toutes les demeures accueillent également les voyageurs en l'honneur du *sbu'*, qui signifie « septième jour » (contraction de *sabaa*, « septième »).

Dans la région de Timimoun, des étudiants partagent le repas avec des passants le jour de l'anniversaire du Prophète.

Que signifie le nom de Muhammad ?

C'est, selon la tradition[60], le septième jour, qui correspond au 19e jour du mois lunaire, que le nom du Prophète Muhammad lui fut donné. Si le nom d'une chose est son secret[61], c'est particulièrement vrai pour le Prophète. C'est même, à notre avis, son nom qui contient la preuve la plus éclatante qu'Il doit être non seulement commémoré, mais aussi fêté, célébré.

Le nom de Muhammad est composé de quatre consonnes MHMD : HMD, c'est l'action de louanger et la particule M avant la racine HMD[62] porte une signification de lieu ou de réceptacle. Le dictionnaire Larousse fait la définition suivante de la louange : « *L'action de célébrer le mérite de quelqu'un, de quelque chose.* » / « *Paroles, discours qui font l'éloge de quelqu'un, quelque chose.* » La personne du Prophète appelle donc la louange selon son propre nom. « Louanger », c'est plus que remercier : c'est un remerciement assorti de joie et d'exaltation. Ce peut être un poème qui est déclamé, un chant entonné, un repas offert en l'honneur de celui qui est digne de louanges. Louanger, c'est manifester son amour débordant pour quelqu'un ou quelque chose. Comment donc rester indifférent à celui qui fut nommé par inspiration divine Muhammad ?

> « Le digne de louanges », ou « l'endroit idéal pour que s'exerce la louange »

Les qualificatifs du Prophète sont nombreux, et nous en citerons quelques-uns à la fin de ce chapitre. Mais un adjectif est souvent respectueusement placé devant Son nom : *Sayyidina*, généralement traduit par « notre maître », qui ne rend malheureusement que partiellement le sens de ce mot. *Sayyidina* devint *Sidna*, puis *Sidi*, puis *Si'* par contraction, de même que dans la langue française, « monseigneur » est devenu avec le temps « monsieur ». Cette marque de respect devant le nom du Prophète est nécessaire pour qui veut Lui donner les égards qu'Il mérite. Ainsi dans le langage parlé, il est impoli de l'évoquer simplement par le nom de Muhammad, sans y apposer devant son nom *Sayyidina*. Dire « *Sayyidina* Muhammad », c'est rappeler Son statut de noblesse, tout comme on dirait en vieux français « Monseigneur ». Ce titre est si prégnant dans l'esprit des musulmans qu'il finira même, dans certaines régions du Maghreb, par donner son nom au Mawlid dans une forme contractée : *Sidna*, qui sonne comme une personnification de l'événement.

Le Prophète Muhammad portait plusieurs noms, certains étant cités dans le Coran, d'autres dans les *hadiths*. Méditer sur Ses noms est une autre manière de se rapprocher de Lui, de L'aimer, de Le comprendre davantage.

« *Jésus, fils de Marie, dit : "Ô fils d'Israël ! Je suis, en vérité, le Prophète de Dieu envoyé vers vous pour confirmer ce qui, de la Thora, existait avant moi ; pour vous annoncer la bonne nouvelle d'un Prophète qui viendra après moi et dont le nom sera Ahmad"* . » Coran 61:6

« *Certes, j'ai [plusieurs] noms : je suis Muhammad, je suis Ahmad, je suis Al-Mahi, celui par lequel Allah efface [l'erreur], je suis Al-Hachir celui qui réunit, je suis Al-Aqib, celui après qui il n'y aura plus d'Envoyé*[63]. »

QUELQUES EXEMPLES DE SES INNOMBRABLES NOMS[64]

Muhammad, le digne de louanges ; *Mustafa*, l'Élu ; *Ahmad*, le plus louable ; *Hamid*, que l'on louange ; *Mahmud*, celui qui est comblé d'éloges ; *Ta-Ha*, en référence à la sourate 20 ; *Ya-Sin*, en référence à la sourate 36 ; *Bashir*, celui qui annonce la bonne nouvelle ; *Nadhir*, celui qui avertit ; *Siraj*, le flambeau ; *Munir*, le lumineux ; *Mansur*, le victorieux ; *Tayyib*, le bon ; *Karim*, le généreux ; *Mukhtar*, le choisi ; *Sayyid*, le seigneur ; *Shafiq*, le compatissant ; *Ra'uf*, le bienveillant ; *Rahim*, le rayonnant d'amour ; *Fatih*, le victorieux ; *Al-Amin*, le fidèle...

Chants de louanges au Bien-Aimé

C'est aussi à l'occasion du Mawlid que la chanson entonnée par les Médinois à Son arrivée dans leur ville est la plus chantée. On peut même dire qu'elle est devenue l'emblème du Mawlid.
Afin que les non-arabophones puissent y goûter, nous mettons ici les paroles en phonétique de ce chant venu du fond des âges.

« Tala'a l-badru 'alayna
Min thaniyyati l-wada'
Wajaba sh-shukru 'alayna
Ma da'a lillahi da'
Ayyuha l-ab'uthu fina
Ji'ta bi l-'amri l-muta'
Ji'ta sharrafta l-madîna
Marhaban ya khayra da'[65]. »

Si elle est la chanson la plus connue[66], il existe des centaines d'autres chants et de poésies anciennes qui ont toujours cours, préservés, entre autres, par les maîtres de la musique classique andalouse. Le *Madih* ou chant sur le Prophète est un patrimoine immatériel transmis plus récemment par les écoles de chant populaire. Ces écoles ont permis la préservation d'un genre littéraire et musical appelé *chaâbi*, qui agit comme une nourriture de l'âme pour qui en comprend et en médite le sens, et qui révèle les différentes facettes de la personnalité du Prophète, pour qui souhaite Le prendre en exemple.

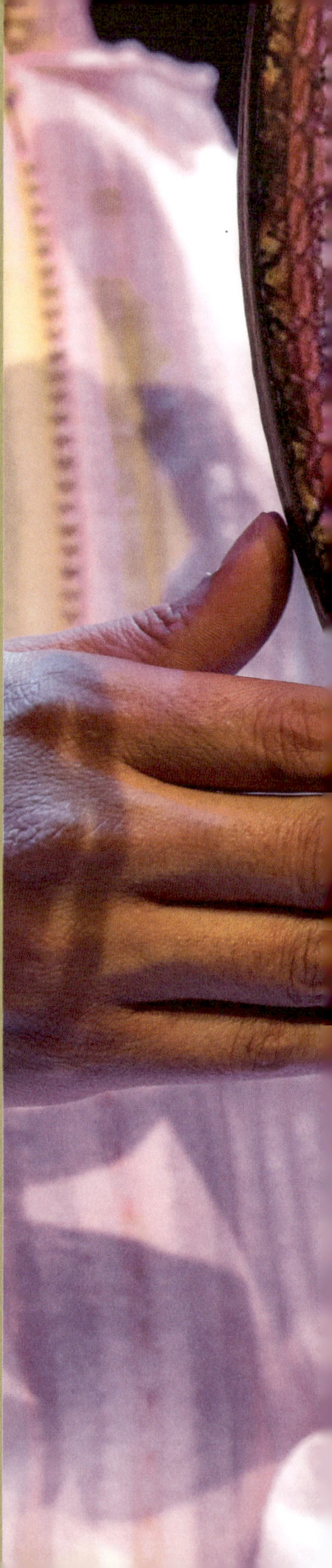

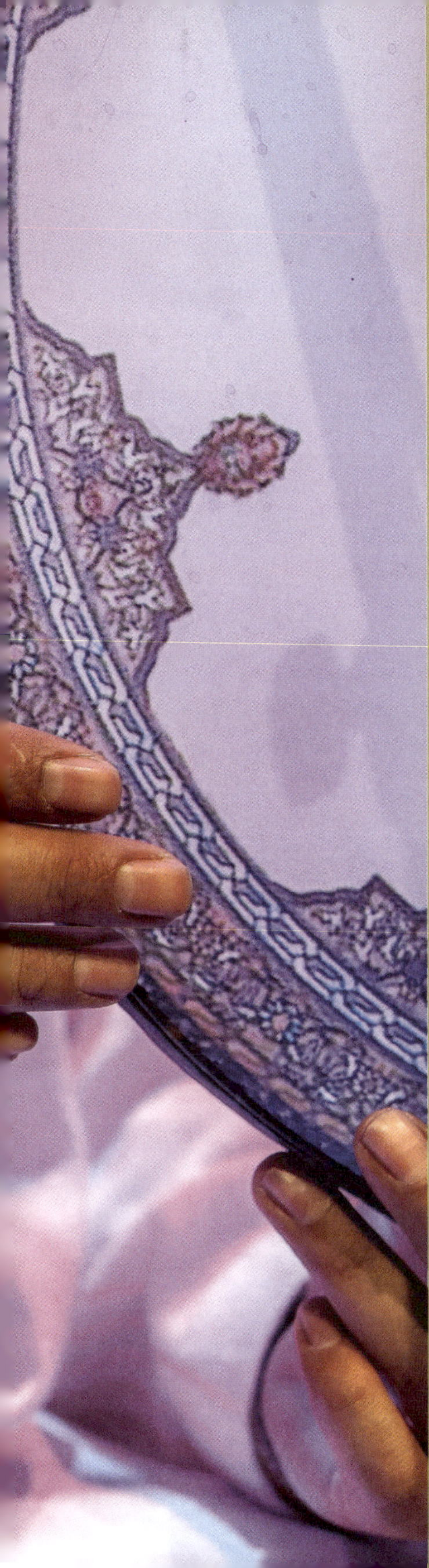

طَلَعَ البَدر عَلَينَا من ثَنيَّات الوَدَاع

طَلَعَ البَدْرُ عَلَيْنَا مِنْ ثَنِيَّات الوَدَاعْ
وَجَبَ الشُّكْرُ عَلَيْنَا مَا دَعَا لله دَاعْ
أَيُّهَا المَبْعُوثُ فينَا جِئْتَ بالأَمْرِ المُطَاعْ
جِئْتَ شَرَّفْتَ المَدِينَةَ مَرْحَباً يَا خَيْرَ دَاعْ

*

طَلَعَ النُّورُ المُبِينْ نُورُ خَيْرِ المُرْسَلِينْ
نُورُ أَمْنٍ وسَلاَمٍ نُورُ حَقٍّ ويَقِينْ
سَاقَهُ اللهُ تَعَالَى رَحْمَةً لِلْعَالَمِينْ
فَعَلَى البَرِّ شُعَاع وعَلَى البَحْر شُعَاعْ

*

مُرسَل بالحَق جَاءْ نُطْقُهُ وَحْي السَّمَاءْ
قَوْلُهُ قَوْل فَصيح يَتَحَدَّى البُلَغَاءْ
فيه للجِسْم شِفَاء فِيهِ للرُّوح دَوَاءْ
أَيُّهَا الهَادي سَلاماً مَا وَعَى القُرآن وَاعْ

*

جَاءَنَا الهَادي البَشِيرْ مطرق العاني الأسيرْ
مُرْشِدُ السَّاعِي إذَا مَا أَخْطَأَ السَّاعي المَسيرْ
دِينُه حَقّ صُراحْ دِينُهُ مُلْك كَبيرْ
هُوَ فِي الدُّنْيَا نَعِيم وهْو فِي الأُخْرَى مَتَاعْ

*

هَاتِ هَدْيَ الله هَاتْ يَا نَبِيَّ المُعْجِزَاتْ
لَيْسَ للاَّتِ مَكَان لَيْس للعُزَّى ثَبَاتْ
وَحِّد الله وَ وَحِّدْ شَمْلَنَا بَعْدَ الشَّتَاتْ
أَنْتَ أَلَّفْتَ قُلُوباً شَفَّهَا طُولُ الصِّرَاعْ

*

طَلَعَ البَدْرُ عَلَيْنَا مِنْ ثَنِيَّات الوَدَاعْ
وَجَبَ الشُّكْرُ عَلَيْنَا مَا دَعَا لله دَاعْ
أَيُّهَا المَبْعُوثُ فينَا جِئْتَ بالأَمْرِ المُطَاعْ
جِئْتَ شَرَّفْتَ المَدِينَةَ مَرْحَباً يَا خَيْرَ دَاعْ

Rabi' al-Thani, la quatrième lune de l'année

Le second printemps

ربيع الآخر

« Les larmes ruissellent
De mes yeux épuisés par les pleurs.
Ô zéphyr du soir
Porte à Ta-Ha mon salut ! [Refrain]
Transmets-lui mon salut,
Ô brise de la proximité,
Et parle-lui du tourment
Que me cause son amour.
Épris de lui, je ne puis supporter
D'être privé de sa sublime présence.
Les larmes ruissellent
De mes yeux épuisés par les pleurs.
La lumière du bien-aimé, ô amants,
Attire à elle irrésistiblement,
L'être sensible la voit-il
Qu'il s'en trouve emporté et ravi.
Chose étonnante en vérité,
La comprend qui s'approche.
Au moment de l'union
Il goûtera cette réalité.
Les larmes ruissellent
De mes yeux épuisés par les pleurs [...] »

Poème du Cheikh Al-'Alawi
(traduit par Éric Geoffroy)

Les larmes ruissellent

Le mois de Rabi' al-Thani ne se caractérise par aucune commémoration particulière. On peut juste noter que certaines personnes effectuent ce que l'on appelle la *Khalwa*, la retraite spirituelle. Pour certaines écoles, elle se doit de durer 40 jours ; pour d'autres, de quelques heures à plusieurs jours ou, dans certains cas très particuliers et très rares, plusieurs mois, voire plusieurs années. Pour les maîtres de la voie Naqshbandi par exemple, elle s'accomplit au début de Rabi' al-Awwal et se termine le 10 du mois de Rabi' al-Thani, ou au début de Rajab et se termine le 10 Cha'ban. Ce qui donne 40 jours. Durant les mois de Rabi' al-Awwal et Thani, la retraite a pour but de rapprocher le disciple de l'esprit muhammadien et de le laisser se remplir de sa lumière en multipliant les exercices spirituels, notamment la *Salat ala Nabi*, la prière sur le Prophète – sur Lui la Grâce et la Paix –, ainsi que la méditation sur Sa vie, Ses paroles et Ses nobles vertus.

Nous avons ouvert ce chapitre sur un poème à son attention afin de faire le lien entre les deux mois lunaires aux noms évocateurs du printemps, *Rabi'* signifiant à la fois « printemps » et « quatrième ». On pourrait donc traduire le nom de ces mois par « le premier printemps » et « le deuxième printemps ».

« Ô mon Dieu, fais que ce mois lunaire commence dans la sécurité, la foi, la santé et la soumission à Dieu. Mon Seigneur et le tien, c'est Dieu. Que cette nouvelle lune soit sous le signe de la droiture et du bien. »

Hadith.

Ce poème est souvent chanté par les disciples des voies soufies au Maghreb. Nous l'avons choisi pour la beauté de ses paroles et la qualité de la traduction, mais surtout parce qu'il illustre parfaitement l'amour dont est l'objet la personne du Prophète dans la communauté musulmane. Des poèmes tels que celui-ci sont généralement entonnés devant des assemblées comprenant des personnes engagées sur le chemin spirituel et de simples croyants qui assistent à des réunions de *Dhikr*. Ces paroles peuvent toucher l'âme de l'auditeur parfois jusqu'à l'évanouissement, et éveiller les consciences pour les élever à travers les degrés de l'amour divin.

Nous allons également aborder les bénéfices et les caractéristiques de certains jours de ce mois de Rabi' al-Thani que sont le lundi et le jeudi. Mais voyons avant tout comment le Prophète – sur Lui la Grâce et la Paix – accueillait la nouvelle lune. Il disait alors :

« Ô mon Dieu, fais que ce mois lunaire commence dans la sécurité, la foi, la santé et la soumission à Dieu. Mon Seigneur et le tien, c'est Dieu. Que cette nouvelle lune soit sous le signe de la droiture et du bien. »

Lundi et jeudi, jours de *Barakah*

« On interrogea l'Envoyé de Dieu sur le jeûne le jour du lundi. Il répondit :
"Je suis né ce jour-là et j'ai reçu la Révélation ce jour-là." »
Hadith.

« L'Envoyé de Dieu a dit :
"Les œuvres des hommes sont présentées à Dieu le lundi et le jeudi ; j'aime que mes œuvres Lui soient présentées alors que je suis en état de jeûne." »
Hadith.

Nous ne nous éloignons finalement pas tant du sujet du mois précédent, et abordons à nouveau des sujets en lien avec la naissance du Prophète. Le lundi, en plus d'être le jour de Sa naissance, est un jour où il aimait à jeûner. Notre jeûne n'est-il pas une manière de remercier Dieu, de commémorer Sa naissance, faisant de ce jour de la semaine un « anniversaire » hebdomadaire ? Imaginez que le jour de la semaine où vous êtes né fêterait votre anniversaire, ce serait alors chaque semaine la fête ! Bien sûr, c'est par un acte d'adoration que le Prophète célébrait ce jour, mais c'est assez pour nous faire réfléchir sur l'idée de remercier Dieu en fêtant nos anniversaires, au-delà d'un moment uniquement passé à manger et boire. Quel privilège chacun de nous a-t-il reçu le jour de sa naissance ! La vie n'est-elle pas un cadeau à nul autre pareil ?

Il existe mille façons de remercier la Présence divine. Le jeûne surérogatoire est un acte d'adoration librement choisi. On peut choisir de le faire régulièrement, ou simplement au moment où l'on se sent le plus disponible. C'est en ce sens que l'épouse du Prophète Aïcha a dit : « *L'Envoyé de Dieu aspirait à jeûner le lundi et le jeudi.* » An-Nawawi, *Les Jardins des Vertueux, hadith* n° *1257*.

« La plus aimée des actions auprès d'Allah est celle qui est faite avec le plus de constance, et ce, même si elle est infime »

(*Sahih al-Boukhari*, n° 6464)

Enseignement

Les conditions ne permettent pas toujours de tenir un rythme dans les actes d'adoration que nous avons librement choisis, et qui sont à la fois la porte de la proximité divine et de la transformation intérieure. Il est bien connu que le travail spirituel régulier est la base de toute transformation profonde et durable.

Tout comme la goutte d'eau qui finit par creuser le roc le plus dur et y laisser son empreinte après des années de travail incessant. Goutte après goutte, la pierre la plus dure finit par s'éroder. Ainsi doit se faire le travail spirituel.

La régularité, la constance, l'assiduité, comme le Prophète nous l'a enseigné, sont les meilleurs des gages pour qu'un acte finisse par nous habiter et devenir pour nous comme une seconde nature. En ce sens, le Prophète a dit :

« *La plus aimée des actions auprès d'Allah est celle qui est faite avec le plus de constance, et ce, même si elle est infime.* »

Ces trois principes, gages de réussite dans le domaine spirituel, le sont également dans tous les domaines de notre vie : dans les études, le travail, le sport, les relations avec autrui... Ainsi certains métiers d'artisanat d'art s'apprennent-ils en accompagnant un maître artisan. L'observation de ses gestes jour après jour, mois après mois, finit par imprégner l'apprenti, parfois même à son insu. Par son assiduité et sa constance, il finit petit à petit par ressembler à son maître, pour un jour voler de ses propres ailes et, après plusieurs années, devenir lui-même un maître artisan.

Le lundi et le jeudi rythment la semaine, en nous donnant la possibilité de jeûner sans contrainte excessive, à raison d'un jour de jeûne suivi de deux jours sans jeûner, puis un autre jour de jeûne suivi de trois jours sans contrainte. Cet équilibre permet de ne pas faire du jeûne un poids. Il est d'ailleurs très important dans la vie spirituelle de ne pas se charger davantage que ce que l'on peut aisément porter. Ainsi un vêtement qui serait trop lourd à porter finirait par nous être pénible, et au lieu de nous couvrir élégamment, ne ferait qu'affaisser notre corps et faire ployer notre volonté.

Cette absence de jeûne excessif nous permet de distinguer les différents mois de l'année du mois de Ramadan. Ce jeûne intermittent permet aussi de travailler sur l'ego plus en profondeur. Le jeûne peut vite devenir une habitude, au risque de devenir plus facile. L'ego s'accommodant de toutes difficultés qui perdurent, c'est en cassant les habitudes que l'on travaille le mieux sur lui. C'est pour cela que, selon les savants de l'islam, le jeûne un jour sur deux est plus méritoire qu'un jeûne permanent, et qu'en maître spirituel par excellence, le Prophète a loué le jeûne du prophète David en disant : « *Le meilleur jeûne est le jeûne de mon frère Dawud*[67] *: il jeûnait un jour et rompait [le jeûne] le jour suivant* » (Boukhari et Muslim).

FOI

Le lundi et le jeudi sont également des portes ouvertes sur le pardon divin, selon le *hadith* suivant : « *Les portes du Ciel s'ouvrent chaque lundi et jeudi, il sera pardonné à tout serviteur, sauf pour ceux qui ont de la rancune les uns envers les autres* » (Al-Bayhaqi, *Les Mérites des jours et des mois*), et dans une autre version : « *Les portes du paradis s'ouvrent chaque lundi et chaque jeudi et les œuvres sont présentées chaque lundi et chaque jeudi* » (*Sahih* d'Ibn Hibban, n° 3644).

Certes, la vigilance du croyant est requise pour chaque jour de la semaine. Mais tout comme il est des moments opportuns pour semer une graine ou planter un arbre, il est des moments privilégiés pour se rapprocher de Dieu et bénéficier de Son amour rayonnant, Sa *Rahmah*. S'exposer aux rayons d'un amour divin qui brille particulièrement en ces deux jours permet de mettre en œuvre et faire fructifier *Al-Amanah*, le Dépôt qui nous a été confié.

> « *Vraiment, Nous avons présenté le Dépôt confié aux Cieux, et à la Terre, et aux montagnes. Alors, ils ont refusé de le porter et s'en sont gardés. Or, l'humain l'a porté. Il se trouve vraiment en situation d'iniquité et d'ignorance !* »
> Coran 33:72

Ce Dépôt est le véritable trésor caché au tréfonds de tous les fils d'Adam, que ne découvriront que ceux qui sont incessamment à la recherche de l'excellence dans chacune de leurs actions, ou petit à petit, dans chacune de leurs pensées. Cette quête ne peut être réalisée que par ceux qui, en toutes circonstances et inlassablement, tentent de revêtir

sincérité et humilité. Or le jeûne est une des portes de l'humilité. C'est aussi une pratique qui requiert de la sincérité, car notre jeûne ne peut être connu que de Dieu seul.
Un sage a dit :

« Nous considérons que l'humilité accompagnée d'ignorance et d'avarice est davantage louable que l'orgueil accompagné de bienséance et de générosité. »

Suhrawardi, *Le Soufisme à la lumière du Coran et de la Sunna.*

Et le Prophète a dit :

« *Je vous enjoins la sincérité, car la sincérité mène vers la piété et la piété mène vers le Paradis. Ainsi, l'être humain ne cesse d'être sincère jusqu'à être compté parmi les sincères auprès de Dieu.* »

(*Hadith)*

« La sincérité n'est-elle pas la clé du trésor ?
Que l'humilité manifeste devant tant de beauté
Mais l'oiseau-lyre s'enfuit à la moindre secousse
Aussi surveille tes moindres gestes
Afin qu'en lieu sûr tes pas te mènent
Et que de ta vie offerte, tu deviennes le héros
Chercheur éclairé par la lumière du Vrai
Enfin, tu trouveras le pays de la Paix. »

Jumada al-Awwal,
la cinquième lune de l’année

جمادى الأولى

Unifier

En ce cinquième mois de l'année musulmane, il n'existe pas de commémoration particulière du point de vue où nous nous plaçons, celui de l'islam sunnite. Cependant, il en est autrement dans l'islam chiite. Par souci d'exhaustivité comme par curiosité intellectuelle, nous allons évoquer certains de ces événements, avant de continuer notre voyage dans le temps, à travers les phases du temps lunaire, et nous détaillerons ce que l'on appelle les « jours blancs ».

Ce mois est nommé indistinctement Jumada al-Awwal ou Jumada al-Oula, le sens étant le même. La différence tient principalement à une nuance dans l'accent et la prononciation selon les contrées. Les mots *Awwal* et *Oula* ont tous les deux le sens de « premier », car comme pour le mois de Rabi', il existe un premier et un second mois de Juamada.

Les informations suivantes sont données dans un souci de représenter la communauté musulmane dans sa grande diversité. Cela met en outre en exergue le fait que les dates commémoratives et évocatoires sont un élément essentiel de l'identité de toute communauté. Dans la perspective chiite, ces dates sont un facteur de cohésion du discours. On dirait aujourd'hui qu'elles permettent d'écrire le « roman national », d'unifier une communauté, une nation ou un groupe ethnique, de faire mémoire pour envisager un avenir et un destin communs.

Selon le calendrier des musulmans chiites, voici quelques événements qui ont eu lieu au mois de Jumada al-Oula :

- **Naissance de Zaynab**, fille de l'imam Ali et de Fatima Zahra, 5 Jumada al-Oula 5H.
- **Décès d'Abdullah al-Muttalib**, père du Prophète Muhammad, 12 Jumada al-Oula.
- **Martyre de Fatima Zahra**, fille du Prophète Mohammad, 13 Jumada al-Oula 11H.
- **Naissance de l'imam Sajjad Zayn al-Abidin**, 15 Jumada al-Oula 38H.

Medersa Ben Youssef de Marrakech (Maroc).

À Konya (Turquie), le mausolée de de Muhammad Jalal-ud-Dîn Rûmî, appelé aussi Mevlana.

L'*Urs*, les noces divines

Certaines dates de commémoration sont seulement locales, comme la naissance de tel ou tel saint dans telle ou telle région du monde musulman. Elles donnent lieu à de grandes réunions allant de quelques centaines à des dizaines de milliers de personnes selon l'influence du saint personnage. Plus d'un million de personnes se réunissent pour l'*Urs*[68] de Sidi Ahmed al-Badawi en Égypte, à une centaine de kilomètres au nord du Caire. Près de cinquante différentes commémorations y ont lieu tout au long de l'année, soit près d'une par semaine ! Parmi les commémorations les plus connues, citons bien sûr le *Sheb-i-Arus*, fêté chaque année à Konya, en Turquie le 17 décembre. Curieusement, c'est la date du calendrier solaire qui a été choisie pour célébrer cet événement marquant le départ de Mevlana Jalal-ud-Din Rûmî[69] vers la Présence divine. Partout dans le monde musulman, du Sénégal au Pakistan, de l'Asie du Sud-Est au Maghreb en passant par les Balkans, la Turquie et l'Inde, de nombreuses autres festivités sont organisées à la mémoire d'un saint personnage. Chaque confrérie ou ethnie peut fêter un personnage servant de modèle local pour la réalisation des vertus prophétiques. Plus cette figure est proche, mieux elle est assimilable par les populations de la région, qui en tirent à la fois fierté et prestige.

« Viens, viens, viens…
qui que tu sois, viens !
Que tu sois infidèle, idolâtre ou
non-croyant, viens !
Notre Dergah* n'est pas la
dergah du désespoir ;
Même si cent fois tu as rompu
tes serments…
Viens quand même ! »

Rûmî

* Le mot Dergah désigne un lieu où se réunissent des disciples pour invoquer Dieu. Au Maghreb, on utilise le terme de Zawiyyah et celui de Tekke en Turquie.

Les « jours blancs », reflets de la lumière principielle

Revenons à présent aux différentes phases de la Lune. Tout comme pour les saisons, on peut diviser ces phases en quatre grands moments : la nouvelle lune, le premier quartier, la pleine lune, et le dernier quartier. Le symbole de la pleine lune fut utilisé pour exprimer la venue du Prophète à Médine. Aux yeux des Médinois et de l'ensemble des musulmans, le Prophète est pour l'humanité comme une lumière venue éclairer le chemin durant la nuit de l'ignorance.

On sait que les cycles de la Lune exercent une influence sur les marées, ce qui montre l'interconnexion entre les corps célestes et notre planète. La Terre, le Soleil et la Lune interagissent dans une danse céleste à laquelle le Prophète nous demande de nous joindre en accomplissant le jeûne durant les jours de pleine lune.

Le jeûne surérogatoire ouvre la voie à grand mérite spirituel. Il permet non seulement d'apprendre à maîtriser notre appétit charnel, mais nous ouvre les portes de la proximité divine, puisque, selon un hadith bien connu, c'est Dieu lui-même qui récompense le jeûneur. Nous reviendrons plus en détail sur ce hadith dans le chapitre consacré au mois du jeûne par excellence, le mois de Ramadan.

Le Prophète a conseillé, sans pour autant que cela relève d'une obligation, de jeûner trois jours chaque mois, à ceux qui souhaitent se consacrer à Dieu, un peu plus que la moyenne des fidèles. La religion musulmane exige de l'ensemble de la communauté un certain nombre de pratiques qui sont comme le dénominateur commun : c'est ce que l'on appelle les cinq piliers de l'islam. Mais tous les êtres humains n'ont pas la même exigence de cheminement spirituel ! Certaines personnes ont davantage soif que d'autres ; pour celles et ceux-là, il existe nombre de pratiques enseignées par le Prophète sous la forme de conseils afin de ne pas peser sur l'ensemble des croyants, chacun cheminant à son rythme.

Dans ce sens, Abu Hurayra[70] a rapporté ce qui suit :

> *« Mon bien-aimé m'a recommandé trois choses : jeûner trois jours chaque mois, faire les deux unités de la prière du Duha et prier le Witr avant de me coucher. »*
> *Hadith.*

On peut voir dans la formulation de ce *hadith* le grand amour qui unissait ce compagnon au Prophète. Dans le *hadith* qui précède, la formule arabe *Khalili* signifie « mon très proche », « mon intime ».

> *« Mon bien-aimé m'a recommandé trois choses que je ne cesserai de faire tant que je vivrai : jeûner trois jours chaque mois, faire la prière du Duha et ne pas me coucher avant d'avoir prié le Witr. »*

Dans ce *hadith*, on note la formule bien connue de *Habibi*, qui signifie « mon bien-aimé », voire, dans le cadre d'un couple, « mon chéri » !

FOI

Selon l'enseignement coranique, chaque bonne action étant multipliée par dix, il est dit qu'un jeûne de trois jours par mois équivaut à un jeûne d'un mois. Pour voir se multiplier les grâces, certains souhaitent faire correspondre ces trois jours de jeûne mensuel avec les trois jours de la pleine lune. On peut comprendre la pertinence de ce conseil prophétique au vu de l'influence plus grande de la lune sur nos mers lors de cette phase, et certainement, de son influence sur notre physiologie. Le jeûne doit nous permettre de mieux contrôler nos sens et d'établir un lien entre la lumière du soleil reflétée sur la lune et la lumière de l'enseignement prophétique qui doit se refléter dans nos vies. Cette orientation de nos actes vers l'idéal muhammadien nous permet de mettre nos corps et nos âmes au diapason des mouvements du cosmos, de nous relier à Celui qui est à l'origine de tout mouvement. L'éternité semble proche quand le Prophète nous dit :

> *« Un jeûne de trois jours chaque mois, tel est le jeûne perpétuel. »*
> *Hadith.*

Ce jeûne de trois jours chaque mois est donc, par la grâce et la générosité divines, compté comme l'équivalent d'un mois entier de jeûne.

> « Lune pleine et jeûne perpétuel,
> Ouvre notre chemin vers la félicité
> D'une intention se manifeste l'action
> Tout comme du premier regard
> Naissent les plus belles histoires
> Alors regarde au fond de toi-même
> Afin que surgisse de ton âme
> La lumière éternelle. »

Jumada al-Thani, la sixième lune de l'année

Le déroulement du temps, symbole de l'éternité

جمادى الآخرة

*« Le temps passe et revient,
Chaque seconde en contient mille
Et chaque instant déjà n'est plus
Mais toujours est,
En celui d'après ! »*

Mois et saisons

Accolé à *Jumada*, le mot *al-Thani* signifie « le second » ; c'est donc le second mois de Jumada. La racine JMD a le sens de « solidification » ; elle peut tout aussi bien exprimer l'action de geler pour parler des montagnes qui nous semblent « figées », comme dans le verset cité plus bas.

Certains noms de mois lunaires ont des significations précises, relatives aux événements qui s'y déroulent. C'est le cas des mois de Muharram (qui évoque la sacralité), Ramadan (les cendres), Dhu al-Qi'dah ou Dhu al-Hijja. Nous reviendrons sur le sens précis du nom de ces quatre mois dans les chapitres les concernant.

Pour les autres mois, il s'agit apparemment de noms empruntés aux saisons, relatifs donc au calendrier solaire. *Rabi'* signifie « printemps » mais aussi « quatre », laissant à penser que le printemps était la quatrième saison. Dans ce cas, la première serait donc l'été. Mais cette supposition va à l'encontre de l'ordre des saisons habituellement établi, qui place le printemps comme première des quatre saisons. Il faudrait donc chercher ailleurs l'origine du lien du printemps avec le chiffre quatre. *Jumada* fait référence à la sécheresse de l'été pour les uns, aux gelées de l'hiver pour les autres. L'origine de ces noms semble donc trop lointaine pour que l'on en trouve la trace, et la question reste ouverte et demeure un sujet de méditation.

« Et tu verras les montagnes – tu les crois figées – alors qu'elles passent comme des nuages. Telle est l'œuvre d'Allah qui a tout façonné à la perfection. Il est Parfaitement Connaisseur de ce que vous faites ! »

Coran 27:88.

Les 7 jours de la semaine

De même que les quatre saisons forment une année, les quatre semaines de sept jours forment à peu près un mois. Les noms des jours varient selon les langues, à l'intérieur même de l'ère d'influence de l'islam. On ne trouvera comme nom commun à tous les peuples que celui qui correspond à la dénomination du jour du vendredi, tel qu'il est désigné en arabe dans le texte coranique :

« Ô croyants ! Lorsqu'on vous appelle à la prière du jour de l'assemblée, empressez-vous de vous occuper de Dieu. Abandonnez les affaires de commerce, cela vous sera plus avantageux. Si vous saviez ! » Coran 62:9.

Le mot « assemblée » se dit *jumu'ah* en arabe et *cuma*, en turc (le c se prononçant *j* dans cette langue), *jumaat* en malaisien, *jumat* en indonésien, *juma* en kazakh, *jumu'a* en persan, *juma* en tatar de Crimée, *Ijumuaa* en swahili, langue de l'Afrique de l'Est. Le mot « vendredi » est souvent défini comme le cinquième jour de la semaine, ce qui s'avère en réalité inexact selon l'ordre des jours dans la tradition islamique comme dans d'autres traditions. Les Anglo-Saxons considèrent le dimanche, *Sunday*, comme le premier jour de la semaine, qui commence donc par un jour de repos. C'est également le cas dans le judaïsme, en hébreu : le dimanche est appelé *Yom Rishon*, ce qui signifie « le jour premier ». Ce nom est dérivé du mot hébreu signifiant « tête », *rosh*, car le dimanche conduit notre semaine comme nos têtes mènent nos vies. Le mot *rosh* est l'équivalent du mot arabe *ras*, qui signifie « tête ». Donc pour les Arabes, comme dans les religions abrahamiques, la semaine commence également le dimanche. En arabe, les jours de la semaine sont nommés d'après les premiers nombres cardinaux, à l'exception du vendredi qui est nommé « jour de l'assemblée ».

Le nom des jours

Dimanche الأحد : *Ahad*, qui signifie « le premier ».
Lundi الاثنين : *Ithnaïn*, « deuxième ».
Mardi الثلاثاء : *Thulatha*, « le troisième ».
Mercredi الأربعاء : « *Arba'a*, « le quatrième ».
Jeudi الخميس : *Khamis*, « le cinquième ».
Vendredi الجمعة : *Jumu'ah*, « l'assemblée ».
Samedi السبت : *Sabt*, « le septième », « la clôture », « le sabbat ».

D'une grande importance symbolique, cet ordre ne doit pas être perdu de vue, au risque de ne plus refléter la qualité particulière de chaque jour. En français, le nom des jours vient à la fois du latin et de la mythologie romaine qui se référait aux astres, en lien avec l'astrologie et l'astronomie, qui ne formaient autrefois qu'une seule et même science. C'est ainsi que la Lune correspond au lundi, Mars au mardi, Mercure au mercredi, jeudi est lié à Jupiter, vendredi à Vénus, samedi à Saturne, et dimanche au Soleil. Ce lien à Saturne et au Soleil est plus évident en anglais, avec *Saturday* et *Sunday*. Le suffixe *-di* vient du latin *dies* qui signifie « jour ». On pourrait donc traduire « lundi » par *lunæ dies*, le jour de la Lune, « mardi » par *martis dies*, le jour de Mars, « vendredi » par *veneris dies*, le jour de Vénus, etc.

Du fait de sa place centrale dans la semaine musulmane, le vendredi nécessite des éclaircissements supplémentaires.

Le vendredi, symbole de l'amour

Le vendredi est lié à Vénus dans le symbolisme occidental. Or, Vénus, dans la mythologie romaine, est la déesse[71] de l'amour. Comme par « coïncidence », le jour du vendredi est le jour de l'assemblée, celui où dans notre multiplicité et notre diversité, nous apprenons à faire un. C'est donc le jour de l'effusion d'amour entre les croyants. En ce jour, il n'est pas rare de recevoir des invités, d'offrir un couscous ou autre plat aux pauvres à la mosquée, comme nous l'avons expliqué plus haut. C'est également, selon la tradition, le jour de la création d'Adam, tel que le mentionne le *Hadith* : « *Le Messager d'Allah me tint la main, puis il dit : "Allah, à Lui la Puissance et la Majesté, créa la terre le samedi, puis Il créa les montagnes le dimanche, puis Il créa les arbres le lundi, puis Il créa ce qui est détestable*[72] *le mardi, puis Il créa la lumière le mercredi, puis Il suscita les animaux le jeudi, puis Il créa Adam après le 'Asr [prière de l'après-midi], à la fin de la création, à la dernière heure du vendredi* » (Muslim, n° 2789).

Ce *hadith* nous montre que chaque jour de la semaine est le réceptacle d'un acte créateur particulier. C'est aussi le cas dans la Bible, dans le livre de la Genèse, qui relate la création du monde par Dieu en 6 jours et Son « repos » le 7e jour.

Le vendredi est le sixième jour, dont le symbole est le chiffre 6. On voit aisément la similitude graphique entre le chiffre 6 et la lettre waw و, dont la valeur numérique est également 6 selon la science des lettres. Outre le fait que sa graphie ressemble à un 6 à l'envers, و est également en langue arabe une conjonction de coordination équivalente au « et » de la langue française. C'est donc la lettre qui réunit, qui assemble, qui permet de joindre deux mots ou deux propositions d'une phrase. Adam a été créé le sixième jour, il est la manifestation parfaite de l'amour divin, de cet être primordial. Cet Adam primordial symbolise également l'homme parfait, lien entre le Ciel et la Terre.

« Nous avons certes créé l'homme dans la forme la plus parfaite. »
Coran 95:4.

Enseignement

Le chiffre six est le symbole de l'homme parfait. Il est figuré par l'étoile à six branches, qui est un symbole non pas hébraïque comme on pourrait le penser, mais universel. On le retrouve aussi bien dans l'hindouisme que dans l'islam. Nombre de mosquées anciennes sont ornées d'étoiles à six branches. Le sceau de l'émir Abd el-Kader, grande figure historique, est fait d'inscriptions, à l'intérieur, de ce que les musulmans appellent « sceau de Salomon ». Les juifs donnent à ce même symbole le nom d'« étoile de David ». Les deux triangles, l'un la pointe vers le haut et l'autre vers le bas, symbolisent respectivement le Ciel et la Terre. Imbriqués, ils font allusion à l'Être devenu le lieu de convergence entre ce qui est en haut et ce qui est en bas. Par ailleurs, la lettre *waw*, و, évoque la spirale qui figure l'expansion de l'Univers mu par l'amour divin.

Chaque sourate du Coran débute par « *Au nom d'Allah, le Tout-Rayonnant d'Amour, le Très-Rayonnant d'Amour* », car l'amour est à l'origine de la Création. Le *waw*, و, symbolise particulièrement l'amour divin correspondant au nom *Al-Wadud*, qui commence par la lettre *waw*, و, et contient un second *waw*, dans son orthographe : اَلْوَدُودُ.

> « *C'est Lui qui produit la création et la renouvelle. Il est le Pardonneur, l'Aimant.* »
> Coran 85:13-14.

Ce nom divin de *Wadud* est aussi une anagramme de *Dawud*, le nom du Prophète David, dont le symbole est la fameuse étoile à six branches. Il est qualifié dans le Coran de *khalifa*, c'est-à-dire de « Lieu-Tenant », représentant de Dieu, ce qu'est exactement l'Adam primordial.

> « *Ô Dawud, Nous avons fait de toi Notre lieutenant sur Terre ; prononce la justice entre les hommes en toute équité.* »
> Coran 38:26.

Mais de cet Adam primordial, Dieu va créer son « aspect conjoint », ce qui donnera : un homme et une femme qui quand ils s'unissent dans l'amour donnent, à leur tour jour, à une nouvelle création !

> « *Ô vous les humains ! Prenez garde à votre Enseigneur qui vous a créés d'une Âme unique, Il a créé d'elle son aspect conjoint. Et Il a disséminé issus d'eux nombre d'hommes et de femmes.* »
> Coran 4:1.

Ce nom est aussi traduit par « Le Fidèle d'Amour ». Il est celui qui à la fois donne de l'Amour et le suscite chez celui qui le reçoit.

N'est-ce pas en effet en
recevant de l'amour que nous
apprenons à en donner ?
« Ô toi, qui veut être aimé, aimes-tu ?
Tu ne recevras que ce que tu as donné
Comme dans un miroir,
Ce monde ne te renvoie que ta propre image
Donne sans compter,
Tu recevras d'innombrables bienfaits
Chaque jour que Dieu fait,
Apprends à t'oublier,
Car c'est dans le don de ta vie
Que tu seras hymne à la Vie. »

Les nombres, symboles de l'espace et du temps

Il peut sembler naturel que les nombres symbolisent le temps, mais leur rapport avec l'espace construit aussi notre vision du monde. Il n'y a pas si longtemps, la distance s'exprimait en temps. On disait : « je suis à un jour de cheval » ou « à trois mois de voyage en chameau » ou « à cinq jours de marche ».

Chaque jour qui se déroule est aussi composé d'heures, de minutes et de secondes. Une année compte douze mois, et une journée complète deux fois douze heures, douze heures de jour et douze heures de nuit. Dans les régions équatoriales, les jours et les nuits sont de durée à peu près équivalente. Sous nos latitudes aussi, les équinoxes, qui ont lieu au début du printemps et de l'automne, sont les deux moments de l'année où le jour et la nuit sont de durée à peu près égale. Ceci nous permet de mieux comprendre pourquoi le cadran des horloges et des montres ne contient pas vingt-quatre heures, mais deux cycles de douze heures, à l'image de l'année qui contient douze mois. Une journée est donc composée de 2 x 12 h. On retrouve d'ailleurs dans la numérotation anglo-saxonne du temps *12 A.M.* et *12 P.M.*, et on ne le compte en 24 heures que depuis l'époque où nos horloges et nos montres sont devenues numériques.

« Sept jours, sept planètes, sept notes de musique, douze mois, douze heures, quatre saisons, quatre semaines, quatre directions de l'espace… »

Sept jours, sept planètes, sept notes de musique, douze mois, douze heures, quatre saisons, quatre semaines, quatre directions de l'espace… Les nombres, et par là même les mathématiques, l'algèbre et la géométrie semblent jouer un rôle primordial dans la création du monde, et restent fondamentaux pour la compréhension que l'on peut avoir de l'Univers qui nous entoure.

Ces sciences exactes basées sur les chiffres et les nombres régissent aussi bien la poésie et la musique que l'architecture sacrée. Les rapports entre les nombres n'ont rien d'anodin. Ils jouent un rôle dans la sensation d'harmonie qui se dégage des différentes manifestations de la vie que sont les feuilles d'un arbre, une fleur ou la coquille d'un escargot.

On pense aussi bien sûr au nombre d'or, qui joua et joue encore un rôle dans l'architecture sacrée et dans les plus extraordinaires formes dans la nature. Le dessin d'une spirale ressemblant à la lettre *waw* est d'ailleurs l'une des figurations géométriques du nombre d'or. Les rapports de hauteur, de largeur et de longueur de la Kaaba, dont l'œil ne peut se détacher lorsqu'il la contemple, répondent aussi aux proportions suggérées par ce nombre d'or, véritable trace laissée par le Créateur, grand Architecte de l'Univers.

FOI

SOIF D'ÉTERNITÉ

Dans un monde régi par les nombres, paradoxalement, nous sommes enfermés dans un espace sans limites. Libres de nous déplacer dans les limites que notre corps nous impose, nous souhaitons y imprimer notre sens de l'Éternité, notre conscience de l'Infini. Nous y construisons des édifices qui défient le temps, bien qu'à la fin de notre vie, ils disparaîtront à nos yeux. Ils resteront pour ceux qui nous suivront, qui soit les préserveront, soit les négligeront. Toute chose devant disparaître, même si des siècles ils durent, comme le Sphinx de Gizeh qui semble observer le temps qui passe, ils finiront par s'évanouir pour laisser place à Celui qui ne disparaît point.

« Tout ce qui est sur Terre est voué à disparaitre, mais la face de ton Seigneur subsiste, dans sa Majesté et sa Munificence. »

Coran 55:26-27.

Rajab, la septième lune de l'année

رجب

Rajab le Prodigue, le Sourd, le Singulier

Il est dit que le mois de Rajab est le mois d'Allah, le mois de Cha'ban, le mois de l'Envoyé d'Allah, et le mois de Ramadan, le mois de la Communauté. Lorsque la lune du mois de Rajab apparaissait, le Messager d'Allah disait : « *Mon Dieu, bénis-nous Rajab et Cha'ban et fais-nous parvenir au mois de Ramadan* » (rapporté par Ahmad et Al-Bayhaqi).

Il dit également : « *Le temps est revenu à sa configuration initiale, le jour où notre Seigneur a créé les Cieux et la Terre, l'année est de douze mois, parmi ces mois, quatre sont sacrés, trois mois se succèdent : Dhu al-Qi'dah, Dhu al-Hijjah et Muharram, et le quatrième est isolé, c'est Rajab de Mudhar qui est entre Jumada et Cha'ban* » (*Hadith* rapporté par Boukhari et Muslim).

Rajab est un mois singulier, sublime en plusieurs aspects. Tout d'abord, il fait partie des quatre mois sacrés pour lesquels la Présence divine nous a enjoint de ne pas être injustes envers nous-mêmes.

> « Pendant ces mois-là, n'enténébrez pas vos âmes d'injustice ! »
>
> Coran 9:36.

Son importance est également marquée par la place que lui a accordée le Prophète en tant qu'annonciateur du mois de Ramadan : c'est à partir de l'entrée de Rajab que les croyants se préparent pour le futur mois de jeûne. Mais surtout, selon la tradition, des événements extraordinaires eurent lieu le 27 de ce mois, qui le rendent si particulier : le Voyage nocturne et l'Ascension du Prophète, *Al-Isra wa al-Mi'raj*.

Les significations du nom Rajab

Le mot *rajab* se compose des trois lettres : *ra*, *jim* et *ba*. « Le *ra* représente la *rahma*, la miséricorde d'Allah, le *jim* représente le *jud*, la générosité d'Allah et le *ba* représente *Al-Birr*, la bonté d'Allah[73] ». Le mois de Rajab est appelé « le sublime » en raison de l'honneur qui lui a toujours été attribué, avant même l'avènement de l'islam. À l'époque préislamique, ce mois-là, les tribus ne se querellaient plus, les armes se taisaient, et chacun renonçait à toute vengeance. « *C'est pour cette raison qu'il a été surnommé "le sourd", mais aussi parce qu'il est dit que lorsqu'il est achevé et que les anges scribes sont interrogés par Allah au sujet des actes des enfants d'Adam, ils taisent en ce mois le mauvais, pour ne l'informer que du bien, mais Allah est informé de toutes choses. Ils disent alors "Tu as ordonné à Tes serviteurs de couvrir les fautes les uns des autres et ainsi nous avons agi."* »

Cependant, le mois de Rajab a bien d'autres noms. Il est appelé « celui qui prodigue » car en ce mois, Allah épand Ses grâces sur celles et ceux qui sont conscients de Sa valeur et agissent en conséquence. Il est aussi « le singulier » en raison de son isolement des trois autres mois sacrés qui se suivent, situé qu'il est entre deux mois non sacrés. Il est appelé « Rajab de Mudhar », cette tribu ayant toujours respecté sa sacralité et son positionnement dans l'ordre des mois, au contraire des autres tribus qui changeaient cet ordre à leur guise afin de ne pas avoir à en respecter la sacralité. Mais il a encore bien d'autres noms et qualificatifs...[74]

FOI

PRATIQUES DU MOIS DE RAJAB

Multipliez en ce mois les invocations, et particulièrement la demande de pardon avec la formule « *Astaghfiroullah* », « Je demande à Dieu de couvrir mes erreurs ».

Le jeûne surérogatoire est particulièrement recommandé en ce mois, et de nombreuses personnes s'y adonnent. Certains jeûnent les lundis et les jeudis[75]. D'autres jeûnent les jours blancs, d'autres jeûnent au début, au milieu et à la fin du mois.

Certains choisissent de jeûner le vingt-septième jour en raison de l'événement particulier lié à ce jour, et ce, de manière volontaire sans que cela soit une *sunna* (une habitude prophétique), mais une *nafilah* (un acte d'adoration libre, non obligatoire).

D'autres, plus courageux encore, jeûnent le mois entier.

Le jeûne du mois de Rajab

Nombre de pieux musulmans et musulmanes commencent à jeûner en ce mois, non seulement pour l'honorer, mais aussi comme une préparation à l'accueil du mois béni de Ramadan. C'est ainsi qu'au sein de la communauté muhammadienne, certains jeûnent en toute discrétion pendant l'intégralité du mois de Rajab et la moitié du mois de Cha'ban. Pour bien distinguer le jeûne obligatoire du jeûne surérogatoire, il est déconseillé de jeûner les derniers jours du mois de Cha'ban.

> « Le Messager d'Allah a dit : "Il y a dans le Paradis un fleuve appelé Rajab, plus blanc que le lait et plus doux que le miel ; celui qui jeûne une journée du mois de Rajab, Allah l'abreuvera de ce fleuve. »

Al-Bayhaqi, *Les Mérites des jours et des mois.*

La Nuit des souhaits

Aborder le récit du Voyage nocturne nécessite de revenir sur une autre nuit particulière de ce mois, celle du premier vendredi de Rajab, appelée *Laylat al-Raghaib*, la Nuit des souhaits. Cette première nuit du jeudi au vendredi du mois est commémorée aussi bien dans les Balkans qu'en Turquie, au Pakistan et dans tout le continent asiatique : en Inde, en Malaisie, en Indonésie... Selon certaines traditions, elle correspond au moment où Abdullah, père du Prophète, aurait déposé la semence bénie dans la matrice bénie d'Amina, mère du Prophète. Ce serait donc la nuit de la conception du Prophète. On invoque alors Dieu comme pour en recevoir les bénédictions, considérant le moment comme propice à une réponse favorable à nos demandes de la Présence divine.

Cette nuit est appelée *Regaip Kandili* en Turquie, *Lailat a-Ragha'ib* au Pakistan, *Laylat al-Regaib* en Bosnie. Les minarets des mosquées sont illuminés de vert ou de blanc, et certaines prières surérogatoires comme *Salat al-Tasbih* (« prière de glorification ») sont accomplies. Mais cette commémoration n'est pas ou reste peu connue dans les pays du Maghreb, et n'est pas reconnue par certaines mouvances. Notre ouvrage se voulant une vision globale des pratiques des musulmans du monde, nous pensons qu'il est important d'être aussi large que possible dans nos descriptions afin que nos lectrices et nos lecteurs acquièrent une connaissance étendue qui leur permettra de ne pas être pris de court à la rencontre de musulmans venus d'autres espaces géographiques.

La mosquée Masjid Sri Sendayan, en Malaisie.

Le 27 Rajab : Le Voyage nocturne et l'Ascension, *Al-Isra wa al-Mi'raj*

« Immersion insondable en Celui qui a fait voyager Son adorateur dans la nuit obscure, depuis le Lieu de prosternation sacré jusqu'au Lieu de prosternation le plus éloigné dont Nous avons béni les alentours, afin de Lui faire voir certains de Nos signes. Vraiment, Lui, l'Entendant, le Clairvoyant ! »
Coran 17:1.

Le voyage horizontal

« *Tandis que je dormais dans le Hijr, raconte-t-il, Gabriel vint à moi et me poussa du pied ; sur quoi je me redressai sur mon séant mais, ne voyant rien, je me recouchai. Il vint une deuxième fois, puis une troisième et me prit par le bras. Je me levai et me tins à son côté jusqu'à ce qu'il me conduise à la porte de la mosquée. Il y avait là un animal blanc, tenant de la mule et de l'âne, qui portait sur ses flancs des ailes qui lui servaient à mouvoir ses pattes ; et chacune de ses foulées couvrait la distance que l'œil est capable d'embrasser* » (Martin Lings, *Le Prophète Muhammad*).

Cette monture mythique est nommée *Al-Buraq*[76] chez les musulmans – un nom qui fait allusion à l'éclair, comme pour rappeler que cette monture légendaire permit au Prophète de se déplacer à la vitesse de la lumière. Ce voyage qui va livrer tant d'enseignements spirituels s'effectue de nuit, un moment particulièrement propice à la vie spirituelle, comme le confirme le verset qui suit :

« Certes l'activité pieuse de nuit est source d'énergie et davantage propice à la justesse dans les propos. »

Coran 73:6.

Tel un éclair traversant la nuit, le Prophète effectue l'équivalent de 1 500 km. Observant avec attention ce qui se déroule sous ses yeux dans l'obscurité, Il aperçoit notamment les caravanes venues de Syrie et en route pour La Mecque. À son retour, la description précise qu'Il livre de ces caravanes sèmera le trouble dans l'esprit de ses contradicteurs, qui virent quelques jours plus tard les détails de son récit se déployer sous leurs yeux. Les caravanes arrivent une à une sous les yeux ébahis des Mecquois. Ils pensaient avoir enfin trouvé une raison de Le faire passer pour un fou et un menteur, et espéraient ainsi stopper le flux des disciples qui se ralliaient à Lui, et juguler Son influence grandissante.

« Le jour où le Prophète fit le récit de son Voyage nocturne, de nombreux convertis abjurèrent. Les gens allèrent voir Abou Bakr et lui dirent : “Que penses-tu, ô Abou Bakr, de ton Compagnon ? Il prétend être parti cette nuit à Bayt al-Maqdis[77], qu’il y a prié et qu’il est revenu à La Mecque !” Abou Bakr leur répondit : “Vous dites des mensonges à son sujet !” Mais ils insistèrent : “Non, le voilà qui raconte cela aux gens dans la Mosquée.” Abou Bakr leur répondit : “Par Dieu ! S’il l’a dit, c’est que c’est vrai. Qu’est-ce qui vous surprend en cela ? Par Dieu ! Les nouvelles lui viennent du Ciel en un moment, de nuit comme de jour, et je le crois. Ceci est plus invraisemblable que ce qui vous surprend !” »

***Le Voyage nocturne*, Mahmud Abd al-Halim.**

C’est à partir de ce moment qu’Abou Bakr fut surnommé *As-Siddiq*, « le Sincère ». Il crut sans l’ombre d’un doute aux propos du Prophète, sûr de leur véracité. Afin de confondre les personnes présentes, il Lui demanda aussi de décrire la Maison sainte de Jérusalem. Le Prophète la décrivit avec précision, étonnant ceux qui avaient déjà visité ce lieu si particulier.

Le voyage horizontal est un prérequis pour accomplir le voyage vertical. Le Prophète a pour point de départ La Mecque. Il est là au milieu des Arabes, de sa tribu, de sa famille qui en somme représente son individualité. Puis Il est transporté à Jérusalem, où Il est invité à prier avec l’assemblée des Prophètes.

Le Miraj est l'ascension de Mahomet aux Cieux avec l'ange Gabriel sur une monture appelée Bouraq.

بر افق جبرئیل علیه السلام باز گشت بخانه ام هانی آمد و بقول محمد بن اسحق از بدایت رفتن تا وقت باز آمدن چهار
ساعت از شب گذشته بود راقم حروف
گوید که آنچه از قصه معراج در این اوراق
مسطور گشت حرفی از دفتری و دری از بحری و مجملی از مفصلی است که اهل سیر در مصنفات خویش آورده اند

Enseignement

Le temps du voyage

Une question se pose tout de même à nos esprits cartésiens. Comment le Prophète put-il traverser de si vastes espaces en si peu de temps ? Certes, les études des scientifiques en physique quantique ouvrent de nos jours la possibilité de déplacements rapides, sinon instantanés. Mais ce n'est pas l'approche que nous privilégierons. Alors, est-il possible de voyager d'un endroit à un autre en si peu de temps ? L'esprit peut entrevoir ce qui est réalisable ou impossible.
La lumière est composée de photons qui se déplacent à la vitesse inimaginable de 300 000 km par seconde ! Si l'on considère que cette distance correspond approximativement à la distance entre la Terre et la Lune, alors les photons voyageraient de la Lune à la Terre en une seule seconde ! Du point de vue de la tradition, l'être humain est considéré comme la synthèse de toute la Création, c'est-à-dire qu'il a en lui toutes les possibilités contenues dans l'Univers. Ainsi, même si l'homme ne vole pas naturellement comme un oiseau, il peut voler (en avion, en ULM, en deltaplane…). Même s'il ne vit pas sous l'eau comme un poisson, il peut aller sous l'eau (en apnée, avec des bouteilles, en scaphandre, dans un sous-marin…). Même s'il n'est pas aussi fort qu'un lion, il peut dompter un lion. Etc. Nous voulons dire par là que si un photon peut voyager à une telle vitesse, rien n'empêche un être qui serait rempli de lumière de se mouvoir à cette vitesse.

Mais c'est aussi une question de foi. Penser quelque chose possible peut ouvrir des portes qui sans quoi resteraient fermées. Je me souviens que dans la Bible, Jésus répondait à celles et ceux qui bénéficiaient de ses miracles : « *Ta foi t'a sauvé(e).* » Cette phrase m'a marqué ! Après réflexion, je compris qu'elle ouvrait un espace au-delà de la raison, vers le monde suprarationnel. Elle sous-entend que si l'on ne croit pas possible le miracle, il ne peut avoir lieu ou, *a minima*, que l'on met comme un barrage entre nous et la possibilité universelle[78] !
Le Coran nous donne un exemple de ces possibilités qui sont offertes à l'être humain, mais que peu peuvent réaliser. Le scepticisme est aussi, à notre humble avis, une barrière qui empêche de franchir

certaines limites. Le Prophète et roi Salomon demande qu'on lui rapporte le trône de la reine de Saba. Un génie et un homme parmi les Connaissants lui répondent tour à tour.

« *Un djinn redoutable déclara : "Je peux te l'apporter avant que tu ne te lèves de ta place. Je suis à même de remplir cette mission et suis digne de confiance." » Un [homme] qui avait une connaissance de l'Écriture dit [à son tour] : "Je l'apporterai quant à moi en un clin d'œil." » [Il l'apporta donc et] lorsque Salomon vit [le trône] posé près de lui, il s'écria : "Voilà une marque de la grâce de mon Seigneur pour m'éprouver si je suis reconnaissant ou ingrat !" Or, quiconque est reconnaissant, l'est pour soi-même, et quiconque est ingrat, mon noble Seigneur se passe [de sa reconnaissance].* »
Coran 27:39-40.

Cet épisode nous montre la prééminence de l'être humain sur le génie, bien que tous deux soient des créatures de Dieu. Les possibilités de l'être humain restent supérieures à celles de toutes les autres créatures, en vertu de son élection particulière de dépositaire de la confiance divine, *Al-Amanah*.

« *Vraiment, Nous avons présenté le Dépôt confié aux Cieux, et à la Terre, et aux montagnes. Alors, ils ont refusé de le porter et s'en sont gardés. Or, l'humain l'a porté.* »
Coran 33:72.

Cet exemple montre que le Voyage nocturne, pour incroyable qu'il puisse paraître, ne l'est pas tant que cela. Puisque la lumière, création de Dieu, peut voyager à des distances phénoménales en une fraction de seconde, alors l'être humain qui contient en lui toute chose créée peut certainement, dans des conditions particulières, se mouvoir à la vitesse de celle-ci. Les Prophètes étant des êtres chez lesquels prédomine la nature lumineuse, ils sont dotés de possibilités auxquelles le commun des mortels n'a pas forcément accès, sauf dans certains cas particuliers parmi les saints, comme le rapportent certains ouvrages[79].

FOI

PASSAGE DE L'INDIVIDUEL À L'UNIVERSEL

« Là, un groupe de prophètes – Abraham, Moïse, Jésus et d'autres – se porta à leur rencontre et, lorsque Muhammad se mit à prier sur le site du Temple, ils se rangèrent derrière lui pour la prière » (Martin Lings, *Le Prophète Muhammad.*)

Le Voyage nocturne symbolise notre propre voyage vers la Présence divine, un voyage vertical qui ne peut s'accomplir qu'une seule fois, le voyage horizontal accompli, l'Être étant alors en paix avec l'ensemble des êtres. Tant que des tendances égotiques dominent notre âme, elle ne peut accomplir le voyage céleste, car notre attachement à la terre, aux biens matériels et aux plaisirs des sens agissent comme des chaînes qui nous empêchent de prendre notre envol. C'est donc une fois ce travail sur nous-mêmes accompli comme un retour vers le centre que, libérés, nous pourrons franchir les différentes étapes qui nous rapprocheront pas à pas de la sainte Présence.

Le Voyage vertical

> *« Je l'ai monté et il m'emmena jusqu'à Jérusalem. J'ai alors attaché la monture à l'anneau*[80] *où les prophètes attachaient la leur. Je suis entré et j'ai prié deux cycles de prière puis je suis sorti. Gabriel m'avait apporté un bol de vin et un autre de lait. Comme je choisis le lait, Gabriel me dit : "Tu as suivi la fitra (prime nature)." Puis il m'éleva au Ciel de ce monde. Gabriel demanda qu'on ouvre la porte du Ciel et on lui demanda : "Qui es-tu ? – Gabriel", répondit-il. On lui demanda : "Qui est avec toi ? – Muhammad." On lui demanda encore : "A-t-il été mandé ? – Oui ! Il l'a été." On nous a alors ouvert. »*
> Mahmud Abd al-Halim *Le Voyage nocturne.*

Ayant fait la paix avec l'ensemble des créatures et avec lui-même, ne manifestant plus d'hostilité envers quiconque, ayant rassemblé toutes ses forces, abandonné toutes futilités, maîtrisant ses désirs, et respectant les trois règnes minéral, végétal et animal, l'être humain peut alors s'élancer dans la poursuite du voyage. Il lui est alors possible de s'approcher, de marche en marche, de ciel en ciel, de Celui qui est paradoxalement plus proche de nous que notre veine jugulaire.

> *« Certes, Nous avons créé l'Homme. Nous savons ce que lui suggère son âme. Nous sommes plus près de lui que sa veine jugulaire. »*
> *Coran 50:16.*

Les voiles de l'ego se levant un à un, grâce à la purification de l'âme à travers les exercices spirituels, l'être humain commencera à ne voir, à n'aimer, à ne vivre que par Dieu en toute chose, en tout acte et en tout temps. L'Ascension du Prophète à travers les sept Cieux jusqu'au Lotus de la limite a inspiré dans l'Occident chrétien l'œuvre magistrale de Dante[81]. Au sein des mosquées, des zaouïas, des madrasas et de chaque maison où la foi habite, cet épisode continue d'ouvrir le cœur des musulmans, qui réalisent à travers ce récit la toute-puissance et l'immensité des possibilités de la Présence divine. Les miracles sont un rappel non seulement du fait que Dieu peut toute chose, mais aussi que l'être humain peut accéder à un monde supranaturel qui parfois dépasse l'imaginaire. Les limites que la raison nous impose sont alors comme désintégrées par la force et la grandeur divines.

> « Son ordre, quand Il veut une chose, tient à ce qu'il dise : "Sois", et elle est. »
> Coran 36:82.

Revenons au voyage de notre bien-aimé Prophète – sur Lui la Grâce et la Paix.

Sous le dôme du Rocher (mosquée d'Omar), à Jérusalem, se situe le Rocher de la Fondation, là où Muhammad est monté aux Cieux au moment de l'Isra et Miraj.

« En pénétrant au Premier Ciel, après que l'autorisation me fut donnée : J'ai vu Adam qui m'a souhaité la bienvenue et a invoqué Dieu en ma faveur. Puis on s'éleva au Deuxième Ciel. Gabriel demanda que l'on ouvre. On lui demanda : "Qui es-tu ?" Il répondit : "Gabriel." On lui demanda : "Qui est avec toi ?" Il répondit : "Muhammad." On lui demanda encore : "A-t-il été mandé ?" Gabriel répondit : "Oui." On nous a alors ouvert, et j'ai pu voir les deux cousins germains, Yahya[82] et Isa[83]. Ils me souhaitèrent la bienvenue et invoquèrent Dieu pour moi. Puis on monta au Troisième Ciel. Gabriel demanda qu'on nous ouvre. On lui demanda : "Qui es-tu ?" Il répondit : "Gabriel." On lui demanda : "Qui est avec toi ?" Il répondit : "Muhammad." On lui demanda encore : "A-t-il donc été mandé ?" Gabriel répondit : "Oui." On nous a alors ouvert. Yusuf[84], sur lui la paix, qui était d'une grande beauté, me souhaita la bienvenue et pria Dieu pour moi. Puis on nous éleva au Quatrième Ciel. Gabriel demanda qu'on nous ouvre. On lui demanda alors : "Qui es-tu ?" Il répondit : "Gabriel." On lui demanda : "Qui est avec toi ?" Il répondit : "Muhammad." On lui demanda encore : "A-t-il été mandé ?" Gabriel répondit : "Oui." Là, j'ai rencontré Idris[85], sur lui la paix, qui me souhaita la bienvenue et invoqua Dieu pour moi. Puis on nous éleva au Cinquième Ciel. Gabriel demanda qu'on nous ouvre. On lui demanda alors : "Qui es-tu ?" Il répondit : "Gabriel." On lui demanda alors : "Qui est avec toi ?" Il répondit : "Muhammad." On lui demanda encore : "A-t-il été mandé ?" Gabriel répondit : "Oui." On nous a ensuite ouvert, et j'ai vu Harun[86], sur lui la paix. Il me souhaita la bienvenue et fit des invocations pour moi. Puis on nous éleva au Sixième Ciel. Gabriel demanda qu'on nous ouvre. On lui demanda alors : "Qui es-tu ?" Il répondit : "Gabriel." On lui demanda : "Qui est avec toi ?" Il répondit : "Muhammad."

On lui demanda encore : "A-t-il été mandé ?" Gabriel répondit : "Oui." On nous a alors ouvert. J'ai rencontré Musa[87], sur lui la paix. Il me souhaita la bienvenue et pria pour moi. Puis on nous éleva au Septième Ciel. Gabriel demanda qu'on nous ouvre. On lui demanda alors : "Qui es-tu ?" Il répondit : "Gabriel." On lui demanda : Qui est avec toi ?" Il répondit : "Muhammad." On lui demanda encore : "A-t-il été mandé ?" Gabriel répondit : "Oui ! Il l'a été." On nous a alors ouvert. Là, j'ai rencontré Ibrahim[88], sur lui la paix. Il était adossé à la Maison peuplée[89] où se rendent chaque jour soixante-dix mille anges différents. Puis, je suis arrivé au Lotus de la limite[90]. Ses feuilles étaient de la taille des oreilles de l'éléphant. Ses fruits étaient gros comme des jarres. Il était recouvert de ce qui le recouvrait. Aucune créature de Dieu ne peut le décrire tant sa beauté est incommensurable. Dieu me révéla alors ce qu'Il me révéla. Il m'a ainsi prescrit cinquante prières quotidiennes. »

Mahmud Abd al-Halim, Le Voyage nocturne.

Une fois accomplie la montée vers le Seigneur des mondes, lors de son retour vers notre monde, le Prophète passa devant Moïse. Celui-ci l'interpella et lui demanda ce que Dieu avait prescrit à sa communauté. Le Prophète lui répondit : « Cinquante prières. » Alors Moïse lui répondit : « Ta communauté ne pourra porter ce poids. Retourne auprès de ton Seigneur afin qu'il allège cette prescription. » C'est ainsi que le Prophète s'en retourna de nombreuses fois, jusqu'à ce que le nombre de prières obligatoires soit abaissé à cinq oraisons quotidiennes.

FOI

La *Salat* : C'est lors de cette nuit bénie que les cinq prières quotidiennes ont été accordées au Prophète Muhammad pour sa communauté, chaque prière ayant la valeur de dix prières.

Le Miracle : Selon toutes les écoles de droit, le voyage fut accompli avec le corps et l'âme, et non en rêve ou en vision, comme l'affirment certains détracteurs actuels. Si le voyage avait été accompli en songe, les contemporains du Prophète n'auraient pas trouvé sujet à calomnie, car les voyages dans les rêves ont toujours été possibles, de tout temps !

La Vision : C'est lors de l'Ascension de degré en degré que le Prophète put contempler, parmi les signes d'Allah, les plus grands. Sa proximité avec Allah fut telle que n'importe quel être aurait été totalement dissous dans cet océan de lumière. Lors de cette dernière étape, l'ange Gabriel ne l'a pas accompagné. À la question d'un de ses compagnons lui demandant s'il avait vu Dieu, le Prophète répondit cette phrase énigmatique :

« Lumière sur Lumière, comment Le verrai-je ? »

SEPT

Le passage à travers les sept Cieux symbolise aussi les sept degrés spirituels, les différentes parures que l'âme[91] doit revêtir afin d'être acceptée dans la Présence divine. Ce symbolisme est présent dans la culture populaire de certaines régions des pays musulmans, où il est représenté par les sept différentes robes que doit revêtir l'épouse avant de pouvoir rencontrer son époux.

Le dernier de ces degrés est aussi figuré en Occident par la robe blanche de la mariée, symbole de pureté de l'âme avant la rencontre nuptiale. Le voile de la mariée est un symbole à la fois occidental et oriental, qui nous rappelle la beauté divine voilée à nos yeux. La mariée restera voilée jusqu'à ce que l'être s'engage de toute son âme et de tout son cœur, et qu'il offre la dot. Alors seulement la vision de la beauté divine et la véritable rencontre seront possibles.

Le Paradis, jardin peuplé de houris, et les sept cieux. Muhammad Rafi Khân (m. 1711-12), 1808.

Dans ce manuscrit tardif du Cachemire retraçant l'histoire du prophète Muhammad et des quatre premiers califes, le Prophète est représenté par une seule mandorle de flammes. Sur cette page est figuré le voyage nocturne. Sept arcs de cercle délimitent les sept cieux.

L'Ascension du croyant

Si seul le Prophète a accompli ce voyage corps et âme, il a cependant annoncé aux croyants qu'eux aussi pourraient voyager spirituellement vers la Présence divine. Une parole attribuée au Prophète nous informe : « *La Salat est l'Ascension du Croyant* » (Ismaël al-Haqqi, *Ruh al-Bayyan*). Un autre dire du Prophète nous précise : *« La Prière est l'axe de la Religion »* (Suyuti). Le sujet de l'Ascension est à la fois profond pour qui souhaite y méditer, et source d'innombrables enseignements[92] pour tout aspirant à la Connaissance. La *Salat* est sans nul doute pour le croyant une possibilité d'ascension. Prenant source au plus haut des Cieux, à l'aune du trône divin. Pour qui s'en acquitte avec conscience, la *Salat* se veut un lien entre l'homme et Dieu, l'axe qui relie le Ciel et la Terre.

> « *Certes Moi, Je suis Dieu, point de divinité si ce n'est Moi. Adore-Moi donc ! Et accomplis la Salat pour [garder] Mon souvenir.* »
> Coran 20:14.

Les cinq prières fondent un rapport quasi permanent avec Dieu, et donnent véritablement sens à notre rapport avec Celui qui est Plus Grand. « *Allahu Akbar !* » Cette formule d'entrée dans la prière signifie que Dieu est plus grand que tout ce que je peux imaginer, au-delà de toute finitude. En accomplissant la *Salat*, l'homme tente d'établir un lien avec l'infini, et c'est paradoxalement lorsqu'il est le plus près du sol, le plus petit et le plus humble au cours de la prosternation qu'il est le plus proche de Dieu.

> « *Le Prophète a dit : "Le moment où l'individu est le plus proche de son Seigneur, c'est lorsqu'il est en état de prosternation"* » (hadith rapporté par Muslim).

Le mois de Rajab renferme encore bien d'autres enseignements, car le Voyage nocturne et l'Ascension ont été décrits à maintes reprises par le Prophète. Celui-ci décrivit tout ce qu'il vit : le Paradis et ses habitants, l'Enfer et ses habitants, le passage sur le pont Al-Sirat que les croyants franchiront en un clin d'œil mais qui sera d'un grand danger pour ceux qui ont renié, aussi fin qu'un fil de soie et aussi tranchant qu'un sabre aiguisé, et bien d'autres merveilles du monde invisible à nos yeux. De nombreux autres *hadiths* contiennent une foule de détails[93] qui mériteraient que l'on s'y arrête. Ce voyage en dehors de notre espace-temps nous a ouvert le champ des possibles, en nous rappelant que l'homme possède en lui d'immenses possibilités.

Nous souhaitons tous que dans notre vie ce soit les meilleures d'entre ces possibilités qui se manifestent à nous et par nous. *Amin* !

> « *Dieu a dit : « Je suis tel que le serviteur imagine que Je suis, s'il imagine du bien, c'est en sa faveur, s'il imagine du mal, c'est en sa défaveur...* »
> *Hadith Qudsi* rapporté par Ahmad dans son *Musnad*.
>
> Et selon une autre version :
>
> « *Allah, à Lui la Puissance et la Grandeur, dit : "Je suis à l'égard de Mon serviteur selon ce qu'il pense de Moi, et Je suis avec lui là où il M'évoque. Par Allah ! Allah se réjouit davantage du repentir de Son serviteur, que l'un d'entre vous, retrouvant sa monture égarée dans le désert. Celui qui s'approche de Moi d'un empan, Je M'approche de lui d'une coudée et celui qui s'approche de Moi d'une coudée, Je M'approche de lui d'une brasse. Et celui qui se dirige vers Moi en marchant, Je M'approche de lui avec empressement."*
> *Hadith* rapporté par Boukhari et Muslim.

« Par l'étoile lorsqu'elle disparaît !
Votre compagnon n'est pas égaré et il n'est
pas dans l'erreur, et ne s'exprime pas
sous l'effet de l'inclination.
Il s'agit uniquement d'une révélation reçue
que lui a fait connaître Celui dont la force
est puissante, doué de pénétration.
Il se tenait ainsi en équilibre, se tenant à l'horizon
suprême. Puis s'approcha jusqu'à rester suspendu.
Et fut à deux portées d'arc, ou plus près encore,
et Il révéla alors à Son serviteur ce qu'Il lui révéla.
L'intime du cœur n'a pas menti sur ce qu'il a vu.
Mettez-vous donc en doute ce qu'il voit ?
Il l'a vu, en vérité, lors d'une autre révélation,
auprès du Lotus de la limite ; là où se trouve
le Jardin de la Demeure, à l'instant où le Lotus
enveloppait ce qui enveloppait. Son regard
ne s'est pas détourné et n'a pas été abusé.
Il a vu, en vérité, parmi les signes
de son Seigneur, le plus grand. »

Coran 53:1-18.

Cha’ban, la huitième lune de l’année

شعبان

Cha'ban, le Grandiose

« D'après Aïcha, la mère des croyants, que Dieu soit satisfait d'elle : "Le mois de Cha'ban était parmi les mois les plus aimés par le Prophète", et il a dit également : "Le mois de Cha'ban est mon mois et le mois de Ramadan celui de ma communauté." »

Le mois de Cha'ban a plusieurs qualificatifs, comme *Al-Mu'adham*, que l'on peut traduire par « le Grandiose ». Ce mois est en effet grandiose à plusieurs égards : d'abord et avant tout par sa proximité immédiate avec le mois béni de Ramadan, mais aussi par la considération que le Prophète lui accordait en jeûnant nombre de ses jours. Aïcha, son épouse bien-aimée, rapporte en effet : « *Il jeûnait durant le mois de Cha'bân, jusqu'à ce que nous disions qu'il allait jeûner tout le mois, et il rompait son jeûne, jusqu'à ce que nous disions qu'il allait rompre tout le mois ; je ne l'ai pas vu jeûner un mois presque entier, comme il le faisait durant le mois de Cha'ban ; il jeûnait tout le mois, à part quelques jours* » (Al-Bayhaqi, *Les Mérites des Jours et des Mois*).

Les actes surérogatoires, source de joie

Selon certaines sources, il est bénéfique de jeûner durant ce mois, sans cependant que cela soit obligatoire. Comme le confirme le *hadith* qui précède, cela reste recommandé par la *sunna* (coutume prophétique). Au gré de notre cheminement, nous pouvons choisir de jeûner un ou plusieurs jours de ce mois afin de profiter de ses effluves particuliers. Selon ce *hadith*, le Prophète jeûnait parfois tant en ce mois que son entourage pensait qu'il allait le jeûner entièrement ; mais d'autres fois, ce mois ne le voyait pas jeûner, si bien que son entourage pensait qu'il ne jeûnerait plus du tout pendant ce mois.

Nous constatons aussi à la lecture attentive de ce *hadith* que quelques jours de ce mois n'étaient pas jeûnés : « *Il jeûnait tout le mois, à part quelques jours* », afin de le distinguer du jeûne obligatoire du mois de Ramadan. Par ailleurs, il est formellement interdit de jeûner le dernier jour du mois de Cha'ban ; quant au fait de ne pas jeûner les quinze derniers jours, il s'agit seulement d'une recommandation.

Nous pouvons en tirer l'enseignement qu'en matière d'actes surérogatoires, la croyante et le croyant jouissent d'une totale liberté. Ces pratiques ne doivent pas être imposées par l'extérieur, mais doivent procéder d'une soif intérieure pour être une source non pas de contrainte mais de joie. Dans certains courants confrériques, il est recommandé de jeûner le lundi et le jeudi ; en plus de jeûner, les disciples sont invités à multiplier les prières sur le Prophète en vertu du lien particulier qu'il a établi entre Lui et ce mois en disant : « *Cha'ban est mon mois.* » Certaines personnes accomplissent chaque jour durant ce mois cent à mille prières sur le Prophète. Une des formules les plus simples pour ceux qui souhaitent s'attacher à cette pratique est :

« Allahumma Salli 'Ala Muhammad wa 'Ala Ali Muhammad Wa Sallim. »

La nuit du 15 Cha'ban est connue sous différents noms, comme *Nisf Cha'ban*, notamment au Maghreb, qui signifie tout simplement « mi-Cha'ban », ou *Laylat al-Bara'a*, souvent traduit par « Nuit de l'innocence » ou « Nuit du privilège ». L'évocation des dix premiers jours de Cha'ban nous permet de revenir brièvement à une pratique qui débute le mois précédent, au mois de Rajab, et se termine le 10 Cha'ban.

La *Khalwa*[94]

Pour certains maîtres spirituels, le mois idéal pour la retraite spirituelle est le mois de Rajab, car il est dit que c'est durant ce mois que la plupart des gens de Dieu atteignent la *Walaya*[95], le degré de la proximité divine. La retraite spirituelle appelée *Khalwa*[96] doit durer 40 jours dans certains ordres, moins dans d'autres. Si elle dure 40 jours en commençant au premier Rajab, nous arrivons au 10 ou 11 Cha'ban, selon que le mois dure 29 ou 30 jours. C'est donc le dixième jour de Cha'ban que se clôture la retraite spirituelle.

« Mon Dieu, tu es mon but et ton agrément est mon souhait. »

Pendant cette période, l'être est seul dans une pièce, en état de jeûne, soumis à un régime très faible en calories. Pour seul repas, il aura droit à de la soupe de lentilles, un peu de pain et un peu de viande tous les 10 jours afin d'éviter toute carence alimentaire. Le disciple accomplit de nombreux exercices spirituels : prières surérogatoires, lectures du Coran, invocations, récitations de litanies, etc. Il lui est également demandé de se contenter de peu de sommeil. L'être en retraite tente de concentrer toutes ses forces intérieures vers son but. Afin de rester orienté vers Dieu, il lui est demandé de méditer cette phrase et de la répéter sous forme de litanie : « *Mon Dieu, tu es mon but et ton agrément est mon souhait* », en arabe : « *Ilahi anta maqsudi wa ridaka matlubi.* »

Même si la *Khalwa* n'est pas destinée à tous, nous avons souhaité en parler pour couvrir toutes les pratiques existantes, somme toute assez répandues dans les cercles initiatiques des confréries soufies.

Se préparer au ramadan

Le mois de Cha'ban dans sa totalité fait l'objet de coutumes et pratiques sociales visant pour la plupart à se préparer psychiquement, physiquement, matériellement et spirituellement à la venue du mois de Ramadan. La mi-Cha'ban marque quant à elle plusieurs types d'événements. En plus d'être un marqueur spirituel, c'est aussi un marqueur social.

Le croissant lunaire marquant le début du mois de Cha'ban est scruté avec d'autant plus d'attention qu'il va en partie déterminer le début du mois du ramadan. Une fois que l'on est assurés d'être entrés dans le mois, les préparatifs commencent pour l'ensemble des musulmans.

Le nettoyage extérieur comme préparation au nettoyage intérieur

Pour certains, il est temps de songer à acheter de la vaisselle neuve. Pour d'autres, un grand nettoyage et un grand rangement s'imposent. Toute la vaisselle va être triée, les murs lavés, parfois repeints, les livres religieux sortis des bibliothèques. Chacun va faire l'inventaire en vue des achats nécessaires qui permettront de recevoir convenablement les invités, ou tout simplement de se faire plaisir pendant le mois de Ramadan. Il existe même de nos jours des décorations « spécial ramadan » pour orner la maison, vendues dans les boutiques et sur Internet. Certains vivant loin de toute mosquée préparent un petit espace réservé à la prière dans leur chambre ou un recoin de leur logement. C'est un hôte prestigieux que chacun attend... Les lustres des mosquées sont nettoyés afin de briller pour les nuits où les croyants se réuniront pour les prières de *Tarawwih*. Pour d'autres encore, c'est le temps de la repentance qui s'annonce.

Pour les musulmans pratiquants, la consommation d'alcool est strictement interdite. Pourtant, nombre de personnes croyantes mais non pratiquantes bravent cet interdit tout au long de l'année mais n'imaginent pas enfreindre cette règle pendant le mois de Ramadan. Aussi certains, pour se donner bonne conscience ou se purifier quelque peu avant le début effectif du mois, vont stopper toute consommation d'alcool. Pour les plus « scrupuleux » ce sera 40 jours avant le début du mois de jeûne, pour d'autres dès l'arrivée du mois de Cha'ban, et dans les cas les moins regardants, deux semaines, voire une semaine avant l'entrée en ramadan. Tous ont le souci de se distinguer de leur « vie habituelle », la volonté d'être associés à la spiritualité de ce mois étant plus forte que les addictions.

> « La préparation permet d'avoir une conscience plus forte des actes que l'on accomplit et, plus on se prépare, plus profonde sera notre compréhension ... »

Du côté des pratiquants aussi, quelques mauvaises habitudes restent à combattre. D'un côté, les buveurs invétérés de café qui vont commencer à diminuer leur consommation de ce breuvage, voire s'en priver totalement pour certains, plusieurs jours avant que le mois ne commence, afin de tenter d'échapper au mal de tête causé par le manque de caféine le matin. D'un autre côté, certains fumeurs de cigarettes profitent de ce mois pour diminuer leur consommation de nicotine, d'autres pour essayer d'arrêter définitivement. Pour tous, c'est une préparation psychologique.

J'ai toujours été impressionné par le fait que les fumeurs tiennent facilement dix à quinze heures sans fumer pendant les journées de jeûne, alors que cela semble impossible pour eux le reste du temps ! Cela tient-il à une « force particulière » qui leur est octroyée pendant le mois de Ramadan, ou bien est-ce par la seule force de leur volonté qu'ils y arrivent ? Si c'était le cas, pourquoi n'ont-ils pas cette force en d'autres périodes ? La question reste posée et semble défier les données scientifiques.

Chaâbana, une coutume ou une mode ?

Un terme spécifique existe au Maroc pour nommer la soirée en laquelle, on vivifie Cha'bân, c'est : « la Chaâbana ». Coutume traditionnelle au départ, elle est en passe devenir une véritable mode ! Cette veillée traditionnelle, organisée généralement par les femmes, est l'occasion pour les membres de la famille ou les amies de se retrouver pour s'amuser, danser et chanter et se préparer à accueillir le mois du Ramadan dans la joie et la bonne humeur. De nos jours, la célébration de la *Chaâbana* ne se limite plus à inviter les connaissances et faire la fête à la maison. Certains restaurants et hôtels proposent, aux femmes qui le souhaitent, des soirées *Chaâbana* animées par des groupes de musique. Selon des témoignages que nous avons recueillis, d'autres pratiques coexistent, comme en Algérie, dans certaines régions : les gens profitaient du mois de Cha'ban pour manger toutes sortes de mets « gras ou lourds à digérer » pour préparer le corps au jeûne, « sans aucun regret » ! Préparer Cha'ban se dit « *N'cha'abnou* ». Si les lignes qui précèdent ne décrivent en rien des pratiques spirituelles, elles montrent que la conscience de l'arrivée du mois béni de Ramadan est omniprésente dès le mois précédent.

Préparer les cuisines

C'est durant le mois de Cha'ban que les épices étaient autrefois achetées, me raconte mon épouse, afin de les préparer. Elles étaient toujours achetées en grains pour de meilleures saveurs, séchées au soleil, puis tamisées afin de les débarrasser de toute poussière ou impureté. À chaque préparation de repas, la dose nécessaire était soit moulue, soit passée au pilon. De nos jours, les modes de vie moderne laissant moins de temps aux cuisinières et cuisiniers, on se contente d'acheter les épices en vrac ou en sachets préparés, et déjà moulues.

Pour toutes composantes de la société et particulièrement chez les commerçants, c'est une véritable effervescence qui règne durant ce mois de Cha'ban. En Occident, les supermarchés ne sont pas en reste et les « promotions du Ramadan » commencent bel et bien au mois de Cha'ban dans les grandes surfaces. La mi-Cha'ban marque pour les marchands de sucreries (*zlabia* et autres *chamiya*) et pour les familles le début de la préparation des mets spéciaux (*chebakiya*, *makrouds*, etc.) qui vont accompagner tout au long du mois la rupture du jeûne. Les sandwicheries se transforment en véritables temples dédiés à toutes sortes de gâteaux au miel. Dans les demeures, toute la famille aide à la confection des petits gâteaux qui, durant le mois de Ramadan, donneront l'énergie nécessaire aux jeûneurs à la tombée de la nuit. La présence du mois de Ramadan se dessine petit à petit. Certaines familles expédiront même les précieuses denrées à leurs enfants vivant de l'autre côté de la Méditerranée !

Le 15 Cha'ban : *Laylat al-Bara'a*, la Nuit de l'innocence

Elle est considérée par les uns comme la nuit où les actes de l'année suivante sont décrétés, par d'autres comme une nuit où il est important d'invoquer Dieu. D'autres encore ne reconnaissent à cette nuit aucun statut particulier. Il n'en reste pas moins que sa grande proximité avec le début du mois de jeûne de Ramadan ne laisse personne indifférent... Parce que dit-on, le 15 Cha'ban, c'est en quelque sorte l'annonce imminente du début du mois de Ramadan. Voyons comment cette nuit était accueillie à La Mecque au XIVe siècle.

De la coutume qu'ils observent dans la nuit du quatorze au quinze du mois de Sha'bân

« Cette nuit est une des nuits vénérées chez les Mecquois, qui s'empressent de l'employer en œuvres pies : comme les processions autour de la Kaaba, la prière, soit en commun, soit isolément, et la visite des saints lieux. Des réunions se forment dans la sainte mosquée, et chacune est présidée par un imam. Ils allument des lanternes, des lampes et des fanaux ; et la clarté de la lune s'ajoutant à tout ceci, la Terre et le Ciel resplendissent de lumière. Ils font des prières de cent génuflexions, et après chacune de celles-ci ils récitent la première sourate du Coran, ainsi que celle de la Sincérité, en les répétant dix fois[97] » (*Voyages* d'Ibn Battuta).

« Ha. Mim. Par le Livre explicite ! En vérité, Nous l'avons fait descendre durant une nuit bénie. Certes, Nous voulions lancer un avertissement. En cette nuit, tout ordre sage est clairement décrété. »

Coran 44:1-4.

Certains savants affirment que les versets ci-dessous décrivent la nuit de la mi-Cha'ban. Pour d'autres, ces versets se rapportent à la nuit du 27 Ramadan. En plus du Coran, certains *hadiths* nous explicitent les particularités de cette nuit. Le Prophète a dit : « *Lorsque arrive la nuit de la moitié du mois de Cha'ban, Allah regarde vers Ses serviteurs, en pardonnant aux croyants, en accordant un délai aux incroyants et en laissant les rancuniers dans leur rancune, jusqu'à ce qu'ils L'invoquent.* » (*hadith* rapporté par Ahmad et cité par Al-Bayhaqi).

Interrogé par son épouse Aïcha au sujet de cette nuit, lui demandant : « *Qu'a-t-elle donc de particulier ?* », le Prophète répondit : « *C'est durant cette nuit que sont inscrits les noms des enfants qui doivent naître cette année et les noms de ceux qui doivent mourir. C'est cette nuit que les subsistances descendent et que les œuvres et les actions sont élevées* » (Abd al-Qadir al-Jilani, *Al-Ghunyah)*.

Les différentes pratiques que nous avons pu observer la veille du 15 Cha'ban sont les suivantes : lecture de trois fois la sourate *Ya-Sin* accompagnée d'invocations spécifiques, nuit de prières comprenant jusqu'à 100 *rakaats*. Récitation de la sourate *Al-Ikhlas* cent, voire mille fois, invocation de *La Ilaha il-l-Allah* mille fois, etc. Nous ne pouvons décrire toutes les pratiques observées ou consignées dans les livres, mais pour la journée du 15, la pratique la plus suivie est le jeûne ; les familles se réunissent ensuite pour le rompre ensemble, comme un avant-goût du Ramadan.

Nous constatons que chacun et chacune, en vivifiant cette nuit spécifique ou en jeûnant ce jour, prépare directement ou indirectement son âme à la venue du Roi parmi les mois. Pour celles et ceux qui s'étaient donné pour mission de jeûner à Rajab, le 15 Cha'ban marque également le dernier jour de jeûne surérogatoire.

Après le 15 Cha'ban ont lieu les dernières réunions festives pour celles et ceux qui ont encore besoin de canaliser leur énergie. Les amoureux du jeûne doivent quant à eux se résoudre à ne pas jeûner en ces jours, surtout le dernier jour de Cha'ban, comme nous l'avons indiqué plus haut. Les dernières résolutions prises, chacun attend avec respect et amour l'invité d'honneur qui, une fois l'an, vient habiter les demeures mais surtout les âmes de millions de fidèles à travers le monde.

« Cette nuit est une des nuits vénérées chez les Mecquois, qui s'empressent de l'employer en œuvres pies. »

> *« Le mois de Ramadan est celui durant lequel le Coran a été révélé. C'est une guidance pour les hommes, une manifestation claire de la bonne direction et du discernement. »*
> Coran 2:185.

La 29e nuit du Cha'ban, la Nuit du Doute

Le lien entre les mois de Cha'ban et Ramadan ne peut se faire sans cette nuit. C'est elle qui le temps d'un court instant va relier le mois qui disparaît à celui qui va apparaître. Ce passage d'un mois à l'autre, au moment du coucher du soleil, va retenir l'attention de centaines de millions de personnes à travers le globe. La Nuit du Doute, incomprise, voire gênante pour notre monde où tout doit être planifié et connu à l'avance. Cette nuit au charme indescriptible, où l'on attend de savoir, et où l'être humain est comme un enfant qui attend des nouvelles du Ciel. D'une manière discrète, voire imperceptible pour qui n'y médite point, elle rappelle à l'être humain son rôle central de témoin sur cette Terre.

> *« Quiconque d'entre vous sera présent à la nouvelle lune jeûnera le mois entier. »*
> Coran 2:185.

> *« Alors, quiconque parmi vous aura été témoin de ce mois jeûnera pendant celui-ci. »*
> Coran 2:185.

> *« Quiconque verra de ses yeux la nouvelle lune, qu'il jeûne ce mois ! »*
> Coran 2:185.

Bien que le mot arabe *shahida* soit ici traduit de trois manières différentes, nous pouvons clairement y voir le sens de « témoignage direct ». C'est pour cela que dans nombre de pays musulmans, juste avant le coucher du soleil du 29e jour, des personnes rompus à l'exercice de déceler la présence à l'horizon du nouveau croissant lunaire scrutent l'horizon pour tenter d'apercevoir la nouvelle lune. Dans l'affirmative, ils en réfèrent aux autorités juridiques accompagnés de plusieurs témoins, le mois de Cha'ban est décrété fini et dès que le soleil se sera couché, nous entrerons dans le mois de Ramadan. Ce sera la première nuit de Ramadan. Dans le cas contraire, si le nouveau croissant de lune n'a pu être observé dans aucune partie du pays, alors ce sera la 30e journée du mois de Cha'ban qui commencera, puis une fois celle-ci écoulée, la nuit suivante sera la première nuit de Ramadan – car la durée d'un mois lunaire ne peut excéder 30 jours !

Vision directe ou calcul ?

Le débat perdure de nos jours encore entre les tenants du calcul astronomique et ceux de la vision directe, et il n'est pas près de s'épuiser... Chacune des deux méthodes a ses avantages et ses inconvénients.

Dans certaines contrées, la méthode du calcul astronomique a été privilégiée, car il permet de planifier à l'avance les débuts et fins de mois, et favorise ainsi une meilleure organisation. Ce fut notamment le cas dans l'Empire ottoman et le sous-continent indien. Le calcul astronomique est toujours en vigueur en Turquie, en Inde et au Pakistan par exemple.

La méthode de la vision directe

En plus d'être fidèle à la lettre du texte, elle possède l'avantage de placer l'être humain au centre de la décision sans aucune spéculation. Celui-ci agit en fonction de ce dont il est le témoin direct. Ce n'est pas sans rappeler la vision de la Certitude ou la certitude de la Vision (par l'œil) évoquée dans un verset coranique (Coran 102:7).

La méthode du calcul

Elle aurait l'avantage de donner une seule et unique date pour le début du mois, si elle était adoptée universellement. Mais ce serait sans compter l'émergence d'une troisième voie, qui prône à la fois une référence au calcul astronomique, et la possibilité de voir la lune quelque part sur le globe terrestre ! La méthode du calcul s'apparente à la notion de science de la Certitude évoquée dans le Coran (102:5). On s'interroge alors sur la troisième notion, mentionnée à un autre endroit du Coran, qui parle de « réalisation de la Certitude ».

Enseignement

Ces trois degrés de certitude sont aussi ceux par lesquels passe tout cheminement sur la voie spirituelle. C'est l'occasion de nous rendre compte que de simples questions de début et de fin de mois peuvent revêtir des significations ou soulever des questions métaphysiques insoupçonnées, voire inattendues. La « réalisation de la Certitude » pourrait s'apparenter au fait de jeûner et à notre capacité de vivre avec la totalité de notre être : Corps, Âme et Esprit, pour entrer dans ce nouveau mois si particulier à bien des égards, au cours duquel a été opérée par un mouvement de descente la révélation de la Parole divine. Parole de certitude, le Coran ne l'affirme pas directement, mais le suggère dès la première phrase :

« Voilà l'Écrit que nul doute n'entache, en guidance à ceux qui veulent se prémunir »
Coran 2:2

Ramadan, la neuvième lune de l'année

Mois du Coran, du retour à Dieu et du pardon

رمضان

La nouvelle lune s'est levée
Le soleil illumine le monde entier.
Au crépuscule une lumière apparaît
Les lanternes éclairent toute la cité.
Bienvenue, ô mois de Ramadan
Nous chantons en t'accueillant
Depuis une année, je t'ai attendu
Et par la grâce Divine tu es revenu.

Trente jours en ce mois béni
Pour que la foi soit accomplie
Avec l'intention avant le commencement.
Insh'Allah, j'arriverai à l'accomplissement.

Se purifier tout entier,
Renaître à nouveau, s'illuminer.
De l'aube naissante au crépuscule
De cette lumière, au feu qui brûle.

Au moment du Maghreb, le coup de canon retentit
La table de l'*iftar* nous réunit.
De la mosquée l'appel du muezzin
Psalmodiant le Coran, révélation ultime.

Bienvenue ô mois de Ramadan
Nous chantons en t'accueillant
À chaque année, une nouvelle saison fleurit
Le corps léger avec le cœur rempli[98].

Il y a tant et tant à dire sur le mois de Ramadan que cela mériterait un ouvrage à part entière, nous essaierons donc de passer en revue quelques-uns des principaux aspects pratiques, historiques, spirituels et symboliques. Voyageons dans le temps et l'espace, et voyons comment le grand voyageur Ibn Battuta nous raconte les coutumes des Mecquois à son époque :

> **« De leur coutume dans le mois de Ramadan très vénéré.**
> *Aussitôt que la lune de Ramadan se montre, on bat les tambours et les timbales chez l'émir de La Mecque, et la sainte mosquée présente un aspect pompeux, à cause du renouvellement des nattes, et de l'augmentation des bougies et des lanternes. Aussi resplendit-elle de lumière et brille-t-elle de beauté et d'éclat. »*
> Ibn Battuta, *Voyages*.

Le 9, symbole de la naissance

« Récite par le Nom de ton Enseigneur qui a créé. Il a créé l'humain d'une adhérence. »
Coran 96:1-2.

Ramadan est le neuvième mois de l'année. Cette correspondance avec le temps de gestation nécessaire pour la naissance d'un bébé n'est certainement pas fortuite. Les chiffres de 0 à 9 permettent toutes les constructions géométriques, arithmétiques et algébriques. Leur découverte et leur application a permis de fluidifier les calculs les plus complexes. Le chiffre neuf comporte lui-même, dans sa graphie, une allusion au fœtus. Il clôture aussi la série des chiffres avec lesquels on peut écrire tous les nombres ; c'est comme si, après sa manifestation, l'ensemble de l'univers mathématique pouvait enfin se dérouler.

Complétude, fin d'un cycle et début de la vie, le chiffre neuf possède aussi curieusement, dans la langue française, le sens de renouveau, « neuf » et « nouveau » étant des synonymes ! Dernière chose étonnante en français, le chiffre neuf est un homonyme du mot « œuf » quand il est utilisé avec l'article indéfini : on prononce « un œuf » de la même manière que « un neuf » !

Nous ne tirons pas de conclusions de ces quelques remarques, hormis pour le symbolisme mathématique qui lui n'est pas dû au hasard. Car les mathématiques sont à la fois un reflet de l'ordonnancement de l'Univers et une façon de mieux le comprendre.

Naissance d'un Livre éternel

C'est donc historiquement lors du neuvième mois lunaire que le Prophète, après avoir gravi Jabal-al-Nur, le mont de la Lumière, image de transcendance et dépassement de soi, quelque peu à l'image du ventre proéminent de la femme enceinte, entra en retraite spirituelle dans la grotte de Hira, image symbolique de la matrice. Il y reçut et accueillit la révélation du Verbe divin, par l'entremise de l'Ange Gabriel, Jibril[99], porteur de l'Esprit qui donne la vie.

En ce neuvième mois de l'année lunaire va naître l'islam historique, déposé sur le cœur du Prophète tel une graine qui contient en puissance toutes les possibilités qui ensuite se développeront. Le Prophète est alors âgé de 40 ans, âge de la maturité parfaite selon la tradition islamique. Les premiers versets descendus sur le Prophète font eux-mêmes étrangement référence à la naissance, à cette première graine ou à cette première révélation.

L'ange lui dit donc :

> « Récite par le Nom
> de ton Enseigneur qui a créé.
> Il a créé l'humain d'une
> adhérence.
> Récite ! – Ton Enseigneur,
> l'Infiniment généreux,
> Lui qui a enseigné
> à l'aide du Calame
> Il a enseigné à l'humain
> ce qu'il n'avait jamais su. »

Coran 96:1-5.

« *Le Ramadan était le mois traditionnellement consacré à la retraite, et ce fut pendant une nuit de la fin de ce mois, au cours de sa quarantième année, alors que Muhammad se trouvait seul dans la caverne, qu'un ange vint à lui sous la forme d'un homme. "Lis !" Lui ordonna l'ange, à quoi il répondit : "Je ne suis pas de ceux qui lisent !" Sur ce, ainsi qu'il l'a rapporté lui-même, "l'ange me saisit et me serra entre ses bras jusqu'à l'extrême limite de ce que je pouvais supporter. Puis il relâcha son étreinte et me dit : "Lis !" – Je ne suis pas de ceux qui lisent", répondis-je à nouveau, et il me reprit dans son étreinte jusqu'à ce que je sois parvenu au bout de ma résistance ; sur quoi il me relâcha et dit une troisième fois : "Lis !"et je réitérai ma réponse : "Je ne suis pas de ceux qui lisent !" Cette fois encore, il m'étreignit comme avant, puis me libéra et dit : "Lis"* » (Martin Lings, *Le Prophète*).

Le premier mot révélé est donc en arabe *iqra'*, traduit en français par « lis » ou « récite ». À partir de la racine de ce mot sera formé le mot arabe *Qur'an*, qui donnera en français le mot Coran. Il est à notre avis plus juste de parler de récitation que de lecture, car le Prophète n'a pas reçu comme Moïse des tables écrites, mais des ensembles de phrases qu'il entendait et devait réciter après l'ange Gabriel puis en prières, comme le font tous les musulmans qui ne lisent pas mais récitent. La lecture est finalement une récitation faite avec l'aide d'un support écrit.

Le premier et le second versets font clairement allusion à la naissance d'un être humain. Outre l'allusion à la générosité divine, la suite parle de connaissance et de l'outil de la connaissance : le *Calame*, à la symbolique évidente, outil par lequel Dieu informe Ses serviteurs. Il est non seulement semblable au nombre 1 (symbole de l'Esprit), nécessite pour l'écriture d'être trempé, dans un mouvement de descente, dans l'encrier divin (symbole de la matrice universelle ou *materia prima* des philosophes et alchimistes). Puis, c'est au cours des 23 années qui suivirent que furent déroulées l'ensemble des sourates contenues dans le Livre, sous la forme d'un long parchemin dévoilé au gré des circonstances. À chaque ramadan, les sourates étaient ordonnancées avec le concours de l'ange Gabriel qui les lui faisait réciter, une fois chaque année pour s'assurer de l'exactitude du texte et deux fois l'année de son départ de ce monde. Le Texte révélé à cette époque est parfaitement identique à celui que nous récitons aujourd'hui. C'est là l'un des miracles du Coran.

« C'est Nous qui avons fait descendre ce Rappel et c'est Nous qui le préserverons [de toute altération] »
Coran 15:9

Le jeûne, pratique spirituelle par excellence

« Ô vous qui croyez ! Le jeûne vous est prescrit comme il a été prescrit à ceux qui vous ont précédés. Puissiez-vous craindre Dieu ! »
Coran 2:183.

Le but du jeûne est de nous amener à affaiblir notre attachement au monde matériel et à développer nos liens avec le monde spirituel. Le jeûne est une pratique universelle recommandée par toutes les traditions spirituelles, de l'hindouisme au christianisme en passant par le judaïsme. La pratique du jeûne instituée par la révélation coranique n'est donc pas nouvelle. Elle a toujours été conseillée à l'être humain par la Présence divine, depuis la nuit des temps, et à travers les différentes traditions révélées. Mais si les religions sont inventées par l'Homme, comme l'avancent parfois certains anthropologues ou sociologues, pourquoi l'Homme déciderait-il de s'imposer à lui-même le jeûne ? La question peut nous amener à réfléchir au-delà des préjugés et à sentir qu'il ne peut s'agir que d'un ordre venu d'en Haut, afin de nous tirer vers le Haut ! Pratique multimillénaire du dépassement de soi, le jeûne se veut un allié précieux pour qui souhaite s'entraîner à la maîtrise de son ego, sans parler de ses multiples effets bénéfiques sur la santé. Certains types de jeûnes sont même aujourd'hui à la mode, comme le fameux jeûne intermittent, dont les bienfaits ont été prouvés par de nombreuses études scientifiques. Les passions, la colère, les mauvais penchants, l'avarice, le mauvais caractère sont autant de maux que le jeûneur ou la jeûneuse espère apprendre à dompter en ce mois de jeûne. Parce qu'il a été créé faible, l'être humain a besoin d'aide.

« Ô vous qui croyez ! Le jeûne vous est prescrit comme il a été prescrit à ceux qui vous ont précédés. Puissiez-vous craindre Dieu ! »

Cette aide ne peut venir que de Celui qui aide, *Al-Mu'in*[100], c'est-à-dire Allah, Dieu. Mais cette aide comment se manifeste-t-elle ?

Ramadan et proximité divine

Le *hadith* suivant rapporté par Boukhari et Muslim nous renseigne sur les particularités du mois de Ramadan : « *Le Messager d'Allah a dit : "Lorsque arrive le mois de Ramadan, les portes du Paradis s'ouvrent, celles de l'enfer se ferment et les démons sont enchaînés."* »

Au cours d'une discussion de philosophie et de religion, un brillant ami me dit au sujet du mois de Ramadan : « *Je pense que c'est une période particulière où des ondes bénéfiques se propagent dans tout le Cosmos.* » C'est ce qui pour lui expliquait rationnellement à la fois la révélation de la Parole sacrée et le choix de ce mois pour le jeûne. Il ne croyait pas si bien dire. De même que les heures de la journée sont quantitativement identiques, chacune d'elle est qualitativement unique. On ne peut comparer midi et quatre heures, ou une heure de l'après-midi et une heure du matin ! Si l'on compte les minutes, elles contiennent toutes soixante secondes, et en cela elles sont toutes parfaitement identiques, pourtant chacune a une saveur particulière. Ainsi en est-il du mois de béni de Ramadan.

Selon certaines traditions, tous les livres révélés – les feuillets à Abraham, la Torah à Moïse, les psaumes à David et l'Évangile à Jésus – le furent durant le mois de Ramadan[101]. S'opère alors une étrange proximité entre Allah et les créatures, comme si, durant les 29 ou 30 jours que dure ce mois, une énergie particulière enveloppait notre monde, comme si Dieu était plus proche de nous, comme il l'est aussi, selon le *hadith*, au troisième tiers de la nuit.

« Chaque nuit, quand parvient le dernier tiers de la nuit, notre Seigneur, béni et exalté, descend au ciel le plus proche et dit : "Y a-t-il quelqu'un pour M'invoquer afin que je réponde à son invocation ? Y a-t-il quelqu'un pour Me demander afin que je lui accorde sa demande ? Y a-t -il quelqu'un qui Me demande pardon pour que je lui pardonne ?" »
Hadith.

Ce rapport particulier entre le Ramadan et le dernier tiers de la nuit, ou entre le Ramadan et la nuit de manière générale, est confirmé non seulement par la descente de l'ange Gabriel lors de la Nuit du Destin, mais aussi par la vivification souhaitable de toutes les nuits du mois par les croyants, de manière d'autant plus intense dans la dernière décade.

« Celui qui veille les nuits du ramadan, avec foi et amour d'Allah, ses péchés antérieurs lui seront pardonnés. »
Hadith rapporté par Boukhari et Muslim.

« Quand la dernière décade [de Ramadan] commençait, le Prophète vivifiait les nuits, tenait toute sa famille éveillée et serrait son pagne[102]*. »*
Hadith.

Les trois tiers

Tout comme les nuits sont divisées en trois tiers, le dernier étant le plus éminent, le mois de Ramadan est lui aussi divisé en trois parties, comme le rappelle ce *hadith* bien connu :

> « Un mois sublime et béni vient d'étendre son ombre sur vous [...]. C'est un mois dont le commencement est miséricorde, le milieu pardon et la fin affranchissement du feu. »
>
> Al-Bayhaqi, *Les Mérites des jours et des mois.*

Pour le jeûneur, ces trois périodes se distinguent aisément. Les croyants constatent qu'une véritable *Rahma* (un rayonnement d'amour divin) les couvre les dix premiers jours. Il s'assortit d'une relative facilité à passer une journée sans nourriture et sans boisson, la journée s'étendant sur une période de 12 à 18 heures selon la latitude et la saison. Lors de la deuxième décade, il devient possible de toucher du doigt la *maghfira*, le Pardon divin qui recouvre nos fautes, grâce à l'endurance dont font preuve les croyants, le jeûne devenant à ce moment un peu plus difficile.

Lors de la troisième et dernière période du mois, grâce à leurs efforts incessants, les croyants sont protégés et éloignés de l'Enfer, ils sont *'itqun min an-nar* (« libérés du Feu »). C'est dans cette troisième période, à la fois la plus difficile et la plus fructueuse, que se situe la nuit la plus importante de ce mois et de toute l'année musulmane. Le Prophète, retiré du monde et disparu à lui-même, recevra la visite des anges et de l'Esprit. Une fois fécondée, la matrice de son âme livrera au cours des 23 années qui suivront le contenu de ce qui est descendu sur lui en cette nuit de manière synthétique. Les croyants souhaitant suivre ses pas et l'imiter se mettront en cette troisième décade en retrait du monde pour pratiquer *Al-I'tikaf* dans les mosquées. Ils se tiennent isolés du reste de la communauté le jour et la nuit, et ne sortiront de derrière le voile qui les sépare de leurs frères que pour accomplir les prières en commun.

Mois de la générosité

Si parmi les pratiques religieuses, il est recommandé durant le mois de Ramadan de veiller les nuits et de réciter le Coran, d'accomplir des prières surérogatoires, de faire des demandes à Dieu et de l'invoquer abondamment. D'autres actes sont également souhaitables, parmi ceux-ci la générosité revêt une importance capitale. Il s'agit donc d'en faire preuve, en tout premier lieu envers nos proches et envers les démunis. Le partage de nourriture étant un des meilleurs actes de dévotion, nourrir un ou plusieurs jeûneurs fait partie des œuvres les plus recherchées des croyants et des croyantes.

Grâce à la générosité des fidèles et de certains grands donateurs, partout dans le monde, chaque mosquée nourrit des centaines, voire des milliers de personnes chaque soir. En ce mois béni, générosité, partage, et invocations sont les maîtres mots. Même s'ils sont fortement conseillés, tous ces actes restent cependant des actions non obligatoires. La seule véritable obligation du croyant et de la croyante, le jeûne, n'est pas cependant un acte à accomplir mais ce sont des choses à ne pas faire !

« Jeûnez durant des jours comptés. Si quelqu'un d'entre vous, parce qu'il est malade ou en voyage, ne jeûne pas durant un certain nombre de jours, il devra les compenser par la suite. Pour ceux qui seraient capables de jeûner [mais ne le font pas], ils peuvent se racheter, s'ils en ont les moyens, en nourrissant un pauvre durant un nombre égal de jours. Celui qui, de son plein gré, fera davantage en retirera un bien pour lui-même. Mais jeûner est encore meilleur pour vous, si vous saviez... »

Coran 2:184.

Le jeûne appartient à Dieu

Dieu nous dit dans une sainte tradition[103] :

« Tout acte du fils d'Adam lui appartient à l'exception du jeûne, car celui-ci est à Moi et c'est Moi qui en paie le Prix. Le jeûne est un bouclier. Si l'un d'entre vous jeûne un jour, qu'il s'abstienne ce jour-là de propos indécents et de cris. Si quelqu'un l'insulte ou s'en prend à lui, qu'il dise : "Je suis un homme qui jeûne, je suis jeûneur." Par Celui qui tient l'âme de Muhammad en Sa Main, en vérité l'haleine qui sort de la bouche du jeûneur sera plus parfumée pour Allah, au Jour de la Résurrection, que le parfum du musc. Deux joies appartiennent au jeûneur : quand il rompt son jeûne, il se réjouit de sa rupture (bi-fitri-hi) et quand il rencontre son Seigneur – qu'Il soit glorifié et magnifié ! – il se réjouit de son jeûne (bi-sawmi-hi). »

Ibn Arabi, *Textes sur le jeûne.*

FOI

COMMENT PRATIQUER LE JEÛNE ?

Il faut d'abord s'abstenir de manger, de boire et d'avoir des relations charnelles entre l'aube et le coucher du soleil.

> « *Les comportements d'intimité envers vos femmes vous ont été rendus licites pendant la nuit de jeûne. Elles sont un vêtement pour vous et vous êtes un vêtement pour elles. [...] Mangez et buvez jusqu'à ce que le fil blanc se distingue pour vous du fil noir au lever du jour. Puis parachevez le jeûne jusqu'à la nuit.* »
> Coran 2:187.

Le Coran nous éclaire, mais ce n'est pas suffisant. Il faut faire appel aux *hadiths* pour savoir qu'il est aussi demandé aux jeûneurs de s'abstenir de « propos indécents », et de ne pas répondre aux provocations, même si nous avons la raison de notre côté, afin que le jeûne ne soit pas entaché. Car la colère est un comportement qui éloigne de Dieu. En résumé, tout acte qui nous éloigne de notre nature spirituelle, lumineuse, angélique est à proscrire, ainsi que tout ce qui risque de renforcer notre nature animale, égoïste, matérielle. Le jeûne est l'école de la patience, du pardon, du don de soi. Une école qui nous appelle à développer notre amour pour Dieu en lisant et méditant Sa Parole, notre amour pour le Prophète en suivant son exemple, et notre amour pour l'humanité en partageant prières et nourriture avec nos semblables, et en ayant les meilleurs comportements possibles, pour éviter de tomber dans cette description laissée par le Prophète :

> « *Il se peut que quelqu'un qui passe ses nuits en prière ne récolte que la veille, et il se peut que quelqu'un qui jeûne ne récolte de son jeûne que la faim et la soif.* »
> Ahmad et Suyuti cité par Al-Bayhaqi,
> *Les Mérites des jours et des mois*

Comment rompre le jeûne ?

Il faut bien sûr attendre que le soleil se soit couché. Les calendriers prévus à cet effet, les bulletins météo à la télévision et les applications météo mentionnent tous l'heure du coucher du soleil. On peut ajouter quelques minutes par sécurité. La plupart du temps, la première chose que le jeûneur fait avant même de manger est d'invoquer Dieu et de le remercier. Avant d'absorber toute nourriture, le Prophète disait : *« Mon Dieu, pour Toi j'ai jeûné et avec Ta nourriture je romps mon jeûne »* (Abu Dawud). Puis il rompait le jeûne, le plus souvent avec des dattes. Mais n'en trouvant pas toujours, certains de ses compagnons lui demandèrent comment faire dans ce cas. Il leur répondit : « *Lorsque l'un de vous rompt son jeûne, qu'il le rompe au moyen d'une datte s'il en trouve, sinon qu'il le fasse avec de l'eau, car l'eau est pureté* » (Tirmidhi et Ibn Majah). Il est aussi recommandé de rompre le jeûne le plus rapidement possible après le coucher du soleil, dans la mesure de nos possibilités. En ce sens, l'Envoyé de Dieu a dit : « *Les fidèles ne cesseront d'être dans une bonne voie, tant qu'ils se hâteront de rompre le jeûne* » (*Hadith*).

Les trois catégories de jeûne

Tout comme les trois degrés de la foi, *islam*, *iman* et *ihsan*, il existe selon l'imam Al-Ghazali trois degrés dans le jeûne : le jeûne du commun (*sawm al-umum*), le jeûne de l'élite (*sawm al-khusus*) et le jeûne de l'élite de l'élite (*sawm khusus al-khusus*). Le jeûne du commun se caractérise par l'abstention de se livrer aux désirs du ventre et du sexe. Le jeûne de l'élite consiste à préserver du péché l'ouïe, la vue, la langue, les mains, les pieds et tous les organes d'action (*jawarih*). Et le jeûne de l'élite de l'élite consiste, selon Al-Ghazali, à « préserver le cœur des préoccupations mondaines et de toutes pensées vaines, de manière à être entièrement tourné vers Dieu le Très-Haut[104]… ». Il ne suffit donc pas pour jeûner de s'abstenir de manger et de boire, mais d'un véritable combat contre notre âme[105] qui doit amener à une transformation intérieure. Cette transformation n'est possible que si nous abandonnons nos viles habitudes en essayant de les remplacer par une plus belle et plus noble façon de faire, de voir et d'être. Le jeûne est un moyen de donner naissance à une « meilleure version de nous-mêmes ». En réalité, il ne s'agit pas d'une nouvelle version, mais de la véritable version de nous-mêmes qui est cachée, voilée par nos mauvaises habitudes, nos rancœurs, par les blessures que nous avons vécues et que nous reproduisons par automatisme. Car l'être dans sa nature première est toujours bon.

Les autres pratiques du mois de Ramadan

Les *Tarawwih*, le repos dans le mouvement

Pendant le mois béni de Ramadan, de nombreuses traditions sont vivifiées. Parmi les pratiques les plus connues et les plus suivies par l'ensemble de la communauté musulmane, les prières appelées *Tarawwih*[106] sont accomplies en groupe à la mosquée, après *Al-'Icha*, la prière de la nuit.

> *« L'Envoyé de Dieu inspirait (aux fidèles) le désir de veiller pendant les nuits de Ramadan sans pour autant le leur ordonner expressément ; il disait : "Celui qui priera pendant les nuits du Ramadan avec foi et sincérité obtiendra le pardon de ses fautes passées. »*
> *Hadith.*

Le Prophète a accompli une ou deux fois des prières surérogatoires avec un groupe de croyants, mais cessa de le faire pour éviter d'en faire pour tous les croyants une obligation. « *Le Messager d'Allah pria une nuit dans la mosquée, suivi par un groupe de gens ; il pria encore le lendemain et le nombre de gens augmenta derrière lui ; la troisième et la quatrième nuit, ils se rassemblèrent dans la mosquée, mais le Messager d'Allah ne sortit pas vers eux. Le lendemain, il leur dit : "J'ai vu ce que vous avez fait ; seule la crainte que cela ne vous soit imposé m'a empêché de venir vers vous."* » ('Al-Bayhaqi, *Les Mérites des jours et des mois*).

Les prières de *Tarawwih* sont l'occasion pour l'ensemble des musulmans d'entendre, de goûter, de vivre le Coran et de « revivre sa révélation ». Ainsi dans les pays du Maghreb, la péninsule Arabique et dans toutes les mosquées à travers le monde, la lecture du Coran est effectuée entièrement durant les 29 ou 30 jours que dure le mois. Généralement, la lecture complète est achevée lors de la vingt-septième nuit. Dans d'autres pays, le Coran n'est pas récité au cours de la prière de *Tarawwih*, mais lors d'assises appelées *muqabala*. L'imam effectue la lecture à haute voix. Les personnes sont assises autour de lui et suivent avec un exemplaire ou, si elles ne lisent pas l'arabe, se contentent d'écouter afin de bénéficier des effluves de la Parole révélée. Les *Tarawwih* sont composées de 8 à 20 *rakaats* (unités de prière) pendant lesquelles près de 1/30e du Coran est lu. Un compagnon rapporte : « *Du temps de 'Umar, les gens faisaient vingt prosternations au cours du mois de Ramadan.* » Il ajouta : « *Ils récitaient jusqu'à deux cents versets du temps de 'Uthman, au point de s'appuyer sur leurs bâtons tellement la station debout se prolongeait* » (Les Mérites des jours et des mois).

La Lecture du Coran, un chemin vers le Ciel

Au cours de ce mois, il est également recommandé pour qui en a la possibilité d'effectuer une lecture complète du Coran dans la langue originelle. La communauté musulmane étant composée pour les quatre cinquièmes de non-arabophones, de nombreux musulmans ne lisent pas l'arabe. Aussi pendant le ramadan, ils bénéficient d'un accès direct au Coran dans la langue de la révélation lors des nombreuses lectures effectuées dans les mosquées, dans les cercles spontanés organisés dans les demeures, ou dans des locaux tiers aménagés pour l'occasion. Nous avons même vu des images prises en Malaisie de personnes qui formaient des groupes de lecture dans des parcs, jardins ou même parfois sur la voie publique ! Pour un arabophone, il est toujours touchant de voir le recueillement avec lequel des personnes non arabophones écoutent le texte coranique lu ou récité. La conscience et la certitude que c'est Dieu qui s'adresse à eux directement plonge les auditeurs dans un état tel qu'ils semblent recueillir des fruits tombés du Paradis. C'est comme si leur âme et leur cœur étaient noyés dans l'ivresse d'une danse éperdue d'anges apportant des nouvelles du Ciel.

« De Haut en bas, et du bas vers le Haut,
La longue file des anges, dans un mouvement sans fin
Se pressent vers les cercles où sont lus les versets
Et demandent au Très-Haut de tous les couvrir
De Son Rayonnement d'amour, et de Son divin Pardon. »

L'*iftar*, la rupture du jeûne ou la joie de la rencontre

Dans ma jeunesse, quand nos vacances correspondaient avec le mois de Ramadan, je me souviens que lorsque l'*iftar* entrait en vigueur, un gros coup de canon, sans doute un héritage de l'occupation ottomane, annonçait le moment de la rupture du jeûne. À l'heure où les hauts-parleurs n'existaient pas ou étaient encore peu répandus, il permettait de connaître le moment où l'on pouvait enfin manger quelques dattes, jusque dans les zones les plus reculées. Dans les petites villes, le canon pouvait être remplacé par une sirène.

En matière de repas de rupture, chaque pays, chaque ethnie, chaque famille a ses propres habitudes. Ce qui nous semble important de rappeler, c'est la dynamique qui habite les croyants lors de ce mois, et la soif qu'ils ont de se réunir, car ne l'oublions pas, Ramadan, c'est aussi le mois de la communauté. Il n'y a rien de plus triste qu'un croyant ou une croyante qui ne trouverait personne pour partager son repas du soir. C'est pourquoi nombre de mosquées et d'associations organisent des repas collectifs pour partager ce moment de joie inexprimable qu'est la rupture du jeûne. « *Celui qui jeûne éprouvera deux joies : il sera heureux quand il rompra le jeûne ; il sera heureux encore de son jeûne quand il rencontrera son Seigneur* » (Boukhari et Muslim). Dans certains pays, des *iftars* géants réunissent des centaines, voire des milliers de personnes sur les grandes artères des villes, afin que le plus grand nombre puisse jouir de ce moment de partage et de joie. Un record a été établi en Turquie en 2024 avec la plus grande table d'*iftar*. Une table d'*iftar* d'environ 2 km de long a été installée entre Üsküdar et Harem avec la participation de 100 000 personnes.

LE *SAHOUR*, REPAS BÉNI AVANT L'AUBE

Il y a un repas moins connu, qui consiste à prendre une collation quelque temps avant la prière de l'aube, le Prophète a encouragé sa communauté à prendre un temps pour ce repas car selon le *hadith* il était porteur d'une bénédiction particulière. Il est rapporté qu'il a dit en ce sens : « *Faites le repas qui précède le point du jour, car une bénédiction est attachée à ce repas* » *(Hadith)*. Il est de coutume dans les pays du Maghreb de faire un plat spécial appelé *saffa* ou *sfouf*. C'est un plat de couscous dont les grains sont enduits de beurre, et sur lequel on dispose parfois des œufs durs coupés en deux ou en quatre, et on agrémente le tout de sucre, de cannelle et de raisins secs. « *Je me souviens que dans mon enfance, l'idée de manger ce délicieux plat préparé par ma grand-mère, ou ma mère me donnait la force de sortir de mon sommeil au milieu de la nuit !* » Mais avec les nouveaux modes de vie, chacun prend ce repas selon ses préférences. Certains en profitent pour se préparer un copieux petit déjeuner, d'autres consomment ce qu'il reste du repas du soir, d'autres encore mangent des fruits, des céréales et des yaourts, et pour les plus frugaux juste un café. Les travailleurs et ceux qui ont du mal à se lever dans la nuit mangent juste avant de dormir, tandis que les autres se lèvent environ une heure avant la prière de l'aube !

Le moment où il faut s'arrêter de manger s'appelle *Imsak*. Ce moment se situe environ 10 à 20 minutes avant la prière de l'aube, *Al-Fajr*. Dans certaines contrées, des personnes passent dans les rues en battant le tambour et en scandant des paroles censées encourager les dormeurs à se réveiller pour prendre le repas de *Sahour*. Nous avons notamment pu assister à ce rituel d'un autre temps dans la partie asiatique d'Istanbul. Sur les calendriers distribués en France, le moment de l'*Imsak* est bien signalé. Mais de nombreux savants contemporains affirment que ce moment est une précaution, et que le moment légal pour stopper toute prise de nourriture est celui qui correspond à la prière canonique de l'aube, appelée *Al-Fajr* par certains et *Al-Subh* par d'autres.

Al-I'tikaf, la retraite spirituelle

Pendant le mois de Ramadan, le Prophète accomplissait la retraite spirituelle. Après son départ, elle fut maintenue par ses compagnons et ses épouses. Le *hadith* rapporte : « *Chaque ramadan, le Prophète faisait une retraite spirituelle de dix jours. L'année où la mort le ravit, il fit une retraite spirituelle de vingt jours* » *(Hadith).*

Afin de rester concentré, le Prophète dressait une tente au sein de la mosquée, et n'en sortait que pour effectuer ses ablutions et sa toilette. De nos jours, c'est généralement un rideau qui est dressé dans le fond des mosquées afin d'isoler les personnes effectuant la retraite. Durant *Al-I'tikaf*, il est souhaitable de s'adonner exclusivement aux actes d'adoration. Contrairement à la *khalwa*, il est permis de parler, mais la concentration reste nécessaire. Il convient d'éviter les bavardages futiles et les sujets mondains. Il est permis d'accomplir l'*Al-I'tikaf* en groupe avec une ou plusieurs personnes. Généralement, les personnes en *Î'tikâf* ne cuisinent pas elles-mêmes leurs repas. Ce sont d'autres personnes de la communauté qui se portent volontaires pour préparer les repas et ainsi bénéficier de la *barakah* (bienfaits, effluves bénéfiques, influence spirituelle).

Il va sans dire que les rapports intimes ne sont pas permis pendant cette retraite spirituelle, même la nuit. Pour les autres croyants, les relations sont permises avec les épouses pendant les nuits de Ramadan. Cela est reprécisé dans le Coran : « *[...] et n'ayez pas de rapports intimes avec elles tandis que vous partagez une retraite dans les mosquées* » (Coran 2:187). Cette retraite spécifique s'accomplit, comme nous l'avons dit, lors des dix derniers jours du mois.

Enseignement

Au VIIe siècle déjà, les hommes comme les femmes pouvaient accomplir la retraite spirituelle, ainsi que le rapporte le *hadith* suivant : « Le Prophète fit la retraite spirituelle pendant la dernière décade du mois de Ramadan jusqu'à ce que Dieu le rappelle à Lui. Ses femmes, après sa mort, continuèrent à faire la retraite spirituelle » *(Hadith).*

Ceci montre qu'en islam, le cheminement spirituel est ouvert aux hommes comme aux femmes, sans distinction aucune. Cette équivalence dans les possibilités de développement spirituel est encore davantage explicitée et mise en exergue dans un verset du Coran où Dieu dit : « *Certes ceux qui sont soumis à Dieu et celles qui Lui sont soumises, les croyants et les croyantes, les hommes pieux et les femmes pieuses, les hommes sincères et les femmes sincères, les hommes patients et les femmes patientes, les hommes et les femmes qui sont recueillis, les hommes et les femmes qui font l'aumône, les hommes et les femmes qui jeûnent, les hommes et les femmes chastes, les hommes et les femmes qui mentionnent fréquemment Dieu : voilà ceux auxquels Dieu a préparé un pardon et une récompense sans limite.* » Coran 33:35.

Les dix derniers jours, le troisième tiers et la Nuit du Destin

Comme nous le disions plus haut, le ramadan est divisé en trois parties, tout comme la nuit, et c'est au cours de la troisième partie de la nuit que la Présence divine « descend » au Ciel de ce monde (car la cosmologie musulmane dessine sept Cieux, Dieu étant au-delà encore, sur le Trône divin). C'est par analogie aussi pendant le troisième tiers du mois que la descente de la Parole divine a lieu, la date majoritairement retenue par la tradition étant le 27 du mois. Le mois de Ramadan ressemble donc à une longue nuit dont l'apogée est la Nuit de la Valeur, appelée aussi Nuit du Destin, de la Détermination, de la Puissance, de la Grandeur selon les traductions...

> « En Vérité, Nous l'avons fait descendre durant la Nuit de la Valeur.
> Mais qu'est-ce qui te fera connaître ce qu'est la Nuit de la Valeur ?
> La Nuit de la Valeur est meilleure que mille mois ! »
> Coran 97:1-3

Une nuit d'une valeur meilleure que mille mois ! Pour qui saura la « reconnaître », elle sera plus intense que l'adoration de toute une vie, mille mois équivalant à plus de 83 années... Pour bénéficier des effluves particuliers de cette nuit, la retraite spirituelle était pratiquée par le Prophète dans la dernière décade. Il a dit – sur Lui la Grâce et la Paix : « *Cherchez la Nuit du Destin parmi les nuits impaires de la dernière décade du mois de Ramadan* » (*hadith* rapporté par Boukhari).

Nous sommes encore interpellés par les symboles numériques liés à cette nuit et à la date communément choisie pour la commémorer. Ainsi le 27 est un multiple de 3, ce qui n'est pas sans rappeler les trois tiers (3 x 9 = 27). Mais si on additionne les deux chiffres qui composent le nombre 27, nous trouvons également 9 (2 + 7 = 9). Un lien à la naissance se manifeste toujours à travers ces chiffres. Enfin, l'une des deux nuits « exceptionnelles » du calendrier est *Laylat al-Qadr*, qui a lieu le 27, et durant laquelle la Présence divine « descend » vers les humains. La seconde nuit « exceptionnelle » est celle où a lieu l'Ascension nocturne, où le Prophète réalisera pleinement le degré de la proximité divine, comme une nouvelle naissance.

Laylat al-Qadr ou Nuit du Destin, une nuit hors du temps

Connaît-on la date exacte de cette nuit ? Elle est fêtée, vivifiée, célébrée dans toutes les mosquées du monde le vingt-septième jour. Mais est-on certains que c'est le 27 Ramadan que la première révélation a eu lieu ? Nombre de *hadiths* nous encouragent en effet à la chercher dans les dix dernières nuits impaires, certains *hadiths* affirment que c'est le 21, d'autres le 23, etc. Pourquoi

Dieu a-t-il caché cette nuit ? Le Prophète a-t-il affirmé : *« Je suis venu vers vous pour vous informer [précisément] de l'avènement de la nuit de la destinée, mais il y eut entre untel et untel un malentendu et [cette précision] me fut enlevée ; et il se peut que ce soit un bien pour vous. Cherchez-la dans les dix dernières nuits : la cinquième, la septième et la neuvième*[107] » (Al-Bayhaqi, *Les Mérites des jours et des mois*). À un compagnon qui souhaitait absolument connaître le jour exact, le Prophète répondit : « *[...] dans les dix derniers jours de Ramadan, et ne m'interroge plus à ce sujet !* » Tous les croyants cherchent à identifier cette nuit en raison des bénédictions qui y sont attachées et du pardon divin qui y est octroyé, selon le *hadith* où le Prophète dit : « *Celui qui veille la nuit de la Valeur avec foi et amour d'Allah, ses péchés antérieurs lui seront pardonnés* » (Boukhari, Muslim, Tirmidhi). Si elle reste cachée, c'est parce que si les croyants savaient précisément le moment, alors ils délaisseraient certainement les actes d'adoration des autres moments pour concentrer leurs efforts uniquement sur ce moment précis. La Sagesse divine ne nous permet pas de savoir avec précision quelle est cette nuit, nous oblige à rester alertes et attentionnés durant les dix dernières nuits !

Le 27

Malgré l'incertitude qui plane sur sa date réelle, l'ensemble du monde musulman sunnite a choisi de commémorer cette nuit le 27 Ramadan. En cette nuit, les mosquées restent ouvertes toute la nuit, et leur fréquentation dépasse de loin toutes les autres nuits du mois de Ramadan. Les fidèles sont si nombreux à se rendre dans les mosquées que des consignes d'organisation spécifiques sont parfois nécessaires. En Occident, il est demandé d'apporter ses propres tapis, et parfois de ne pas apporter de nourriture afin d'éviter tout gaspillage. Il nous semble préférable de laisser la générosité de chacun s'exprimer librement, pour laisser chacun constater la manifestation de l'immensité de la générosité divine. En cette nuit, la générosité des croyantes et des croyants est si grande que chacun est sûr de trouver un repas, et même de pouvoir emporter une part de nourriture ! Les récitateurs de Coran déploient leur plus belle voix pour clôturer la récitation de la parole divine. Ceux qui ne se sont pas rendus à la mosquée les autres jours ne manqueraient sous aucun prétexte la munificence de cette nuit. Certains resteront éveillés toute la nuit en prière, en invocation, en *dhikr* (souvenir de Dieu par des évocations répétitives d'une prière), d'autres accompliront jusqu'à cent *rakaats*, espérant goûter à la Proximité divine. Les plus mystiques resteront attentifs à chaque signe, espérant y voir la confirmation que c'est bien cette nuit que les anges et l'Esprit sont descendus.

> *« Les anges et l'Esprit descendent en elle avec la permission de leur Seigneur, munis de tous les décrets.*
> *Elle est Paix jusqu'au lever de l'aube. »*
> Coran 97:4-5.

Pourquoi le 27 ? Parce qu'il était nécessaire de faire un choix pour commémorer cette nuit, en quelque sorte la nuit par excellence, celle qui personnifie à la fois le mois de Ramadan et la descente du Coran. Sans ce choix, une grande partie de la communauté aurait été privée de ce moment unique, tout le monde n'ayant pas la capacité de veiller toutes les nuits. En arrêtant une date, toute la communauté musulmane peut non seulement revivre la descente de la Parole de Dieu en notre monde, mais aussi s'identifier à Celui qui allait la porter et la diffuser, le Prophète Muhammad — sur Lui la Grâce et la Paix divines.

L'archange Gabriel.

Enseignement

Marquant le début de sa mission terrestre, cette nuit nous rappelle le lien direct établi entre Dieu et l'être humain. En cette nuit, l'ange Gabriel, porteur des nouvelles du Ciel, messager entre l'Infini et le fini, être de lumière invisible en temps normal, a été rendu visible au Prophète en raison de la pureté de son cœur, de ses intentions, de tout son être. C'est à cette purification que nous invite l'exemple prophétique, pour que nous devenions à notre tour un lien entre le Ciel et la Terre. Laissant chacun décider selon son degré de foi. Le Prophète encouragea les compagnons qui avaient eu une vision à ce sujet à agir selon leur intime conviction. Il leur dit : « Je vois que, chacun à votre tour, vous avez rêvé qu'il s'agissait de la septième des dix dernières nuits, que celui qui fait son choix choisisse cette nuit comme étant la plus sûre[108] ! » .

Cette nuit est à la fois connue et inconnue. Certains maîtres spirituels pensent qu'il est bon de la chercher durant toutes les nuits du mois de Ramadan ; d'autres plus scrupuleux encore disent à leurs disciples, afin qu'ils maintiennent leur esprit éveillé et selon la vision de certains hommes de piété, qu'elle peut se cacher dans les nuits de l'année tout entière ! Bienheureux donc celui ou celle qui saura la trouver, ceux ou celles pour qui elle acceptera de lever son voile et de se laisser contempler !

« À ton cœur se révèle Celui qui n'a jamais cessé
De résider dans l'inscrutable mystère du Sans-commencement !
Mais c'est toi-même qui étais le voile sur ton œil
Bien que cela fût par la vertu même de ta similitude divine.
Alors au cœur apparaît que Celui qu'il voit
N'a jamais cessé de l'appeler vers Lui !
C'est ainsi qu'un Propos vint, renfermant toute Parole,
Et sa gloire fut manifestée par l'Envoyé
de la Région Suprême ! »

Ibn Arabi, *La Parure des Abdal.*

Zakat al-Fitr, partage et purification

Durant le dernier tiers, et particulièrement à partir de la journée du 27, les préparatifs vont bon train dans les foyers. C'est déjà le jour de l'Aïd al-Fitr qui se profile. Afin de réparer les fautes mineures commises durant le jeûne et de se purifier, et surtout pour permettre à tout le monde d'être de la fête, une aumône doit être versée avant l'accomplissement de la *Salat al-Aïd*. Ainsi les indigents pourront en tirer profit le jour de l'Aïd.

Dans certains pays, le mois de Ramadan a été choisi pour verser la *zakat*, l'aumône légale, afin de bénéficier de la multiplication des bonnes actions accomplies en ce mois hors du commun. Cette aumône nommée *zakat al-Fitr* (aumône de la rupture ou « aumône purificatrice du jeûne ») ne doit pas être confondue avec la *zakat*, troisième pilier de l'islam. Elle concerne uniquement le mois de Ramadan. Au temps du Prophète, elle correspondait à une mesure d'orge, de datte ou de blé. De nos jours, selon les pays, elle se donne majoritairement en numéraire et correspond au prix d'un repas moyen. En France par exemple, elle a été fixée entre 7 et 9 euros par personne selon les fédérations. La *zakat al-Fitr* doit être versée par toute personne pubère en ayant les moyens. Le chef de famille en est redevable pour chaque membre de sa famille. Pour une famille de quatre personnes, il doit verser quatre fois le montant établi par les autorités religieuses du pays.

« Réussit, certes, celui qui se purifie, et se rappelle le nom de son Seigneur, puis célèbre la *Salat*. »
Coran 87:14-15 HR.

« Dans l'aumône de la rupture du jeûne, il y a une abondance, que ce soit pour le riche ou le pauvre : pour le riche, Allah le purifiera avec cette aumône, et pour le pauvre, Il lui donnera plus qu'il n'en a donné. »
« On dit que ce mois est parmi les mois comme le cœur dans la poitrine, comme les Prophètes parmi les hommes, comme le territoire sacré de La Mecque parmi les autres contrées[109]*. »*

Les préparatifs en vue de l'Aïd al-Fitr

Nous disions donc qu'en vue de ce jour tout le monde s'active dans les maisons mais également à l'extérieur. Durant les derniers jours de Ramadan, les parents vont faire les achats pour que la fête soit vécue avec tout l'éclat possible et pour honorer le magnifique jour qui arrive, qualifié par le Prophète comme « l'un des deux meilleurs jours de l'année ». Des vêtements neufs sont achetés pour les enfants. Au sein d'une famille, les plus aisés offrent aux moins fortunés habits et nourriture pour que tous les cœurs soient remplis de joie.

Le jour de la rupture du jeûne, la table est honorée d'un petit déjeuner exceptionnel. Dans les familles, la confection de gâteaux et autres douceurs au miel bat son plein. Elle occupe toutes les mains, en particulier les trois derniers jours. Celles et ceux qui n'ont pas le temps de faire eux-mêmes ces préparations peuvent la confier à une spécialiste de la pâtisserie qui confectionnera selon la commande contre rémunération. On pourra lui apporter soi-même les ingrédients afin de s'assurer de leur qualité. Pour nous autres Européens, il existe quelques magasins spéciali-

« Dans l'aumône de la rupture du jeûne, il y a une abondance, que ce soit pour le riche ou le pauvre : pour le riche, Allah le purifiera avec cette aumône, et pour le pauvre, Il lui donnera plus qu'il n'en a donné. »

sés, mais il convient de passer commande suffisamment tôt. Les vêtements une fois achetés et les gâteaux préparés ou commandés, tout le monde attend le 29 Ramadan et la seconde Nuit du Doute. La première nous permet de savoir quand commencer le jeûne, la seconde nous indique quand l'arrêter. Avec la même ferveur que lors du début du mois, le ciel est scruté en ce vingt-neuvième jour : si le croissant apparaît, alors le lendemain sera l'Aïd et le premier jour du mois suivant ; s'il n'est pas visible ou si le temps est couvert, alors il nous est demandé de compléter 30 jours, conformément à l'enseignement prophétique qui nous dit : « *Ne pratiquez pas de jeûne avant [le mois de] Ramadan. Jeûnez dès que vous le*[110] *voyez ; rompez le jeûne dès que vous le voyez ! Si [la nouvelle lune de Shawwal] est masquée par des nuages, complétez trente jours* » *(Hadith).*

La dernière nuit de Ramadan

Dans l'attente de la nouvelle, ce soir chacun rompt son jeûne le cœur rempli de mélancolie. Les âmes sont embaumées du bonheur de s'être dépassées pendant trente jours, trois fois dix jours de patience, d'endurance et d'espérance. Trois fois dix jours où successivement le jeûneur, la jeûneuse se sont plongés tout à tour dans les trois degrés de la foi. Réalisant *Al-islam* (premier degré de la foi, selon le fameux *hadith* de Jibril) au cours du premier tiers avec le Rayonnement d'amour, d'*Al-Rahman* enveloppant de son manteau nos corps soumis à Son ordre, puis réalisant *Al-Iman* (deuxième degré de la foi) au cours du deuxième tiers qui habille nos âmes du Pardon, du Tout-Recouvreur, *Al-Ghafûr*. Puis, à force de patience et d'effort lors du troisième tiers, le serviteur tente d'acquérir le degré d'*Al-Ihsan* (troisième degré), afin de libérer son âme du feu des désirs et de laisser briller en lui la lumière de l'Esprit. Il réalise alors qu'il n'a qu'un seul désir : celui d'être proche du Bien-Aimé.

FOI

Voici une invocation que chacun peut faire sienne le soir à la fin de ce mois ou à tout moment du jour et de la nuit en fonction de ses états d'âme.

« Nous demandons à Allah qu'Il nous accorde à nous et à vous la grâce d'accomplir ces règles, et d'accéder aux degrés de la Vertu Parfaite (al-Ihsan). Certes Il est le Maître généreux.
Et louange à Allah le Seigneur des Mondes ! »

Ibn Arabi, *La Parure des Abdal.*

« Ô toi qui aspires aux degrés des Abdal
Mais qui ne penses pas aux œuvres requises,
Ne les convoite pas vainement, tu n'en seras digne
Qu'en concourant avec eux par les états ascétiques.

Fais taire ton cœur, et retire-toi au loin,
Loin de tout ce qui t'éloigne du Seigneur Bien-Aimé !
Veille et endure la faim. Ainsi tu atteindras leur dignité.
Et tu seras comme eux, soit en restant chez toi, soit en partant au loin.

La Maison de la Sainteté a des "angles" bien établis !
Nos maîtres qui y résident sont des Abdal.
Entre Silence, Solitude, Faim et Veille,
Se dresse le sommet du Pur Transcendant. »

Ibn Arabi, *La Parure des Abdal.*

Shawwal, la dixième lune de l'année

شوال

« *Dans ce mois qui ouvre les quatre mois célèbres consacrés au pèlerinage, les habitants de La Mecque allument des lanternes, ainsi que des lampes et des bougies, la première nuit, à peu près comme ils font la vingt-septième nuit du ramadan. On place des lumières dans toutes les parties des minarets ; on illumine tout le toit de la mosquée sainte, ainsi que celui de la mosquée qui se trouve au sommet d'Abu Qubays. Les muezzins passent toute cette nuit à prononcer le* Tahlil, *le* Takbir *et le* Tasbih. *La population se partage en ceux qui font les processions autour de la Kaaba, ou qui prient, ou qui mentionnent le nom de Dieu, ou qui invoquent le secours. Après avoir fait la prière de l'aurore, ils commencent les préparatifs de la fête ; ils revêtent leurs plus beaux habits, et accourent dans le noble temple pour y prendre place*[111]. »

Laylat al-Aïd ou Nuit de Lumière

Ablution à la mosquée Jama Masjid à Delhi, en Inde.

Pour l'ensemble de la communauté musulmane, la première nuit de Shawwal sera le point de départ du retour à la vie « normale ». Étant donné son importance, elle sera honorée du titre de *Laylat al-Aïd*. En cette nuit, la joie emplit les cœurs de ceux et celles qui durant un mois se sont dirigés de toutes leurs forces vers le Très-Saint, *Al-Quddus*, et ont purifié leur âme et leur corps par le jeûne, la prière et les actes d'adoration. Loin de toute insouciance, ils ont réalisé ce pourquoi ce mois leur a été offert par le Très-Haut. Transformés, transfigurés, illuminés, ils se sont recentrés et ont pardonné comme il leur a été pardonné. Dans la mesure du possible, il est de coutume de veiller pour se préparer à la rencontre du lendemain matin. Une rencontre avec les autres, et avec soi-même. La grande ablution tient une place importante dans la vie des croyants à l'occasion des prières en commun, mais aussi tout au long de l'année, comme l'enjoint le Prophète dans le *hadith* suivant :

« Il est un devoir pour chaque musulman de se laver tous les sept jours [au minimum] et de s'enduire de parfum, si c'est possible. »

Ibn Khuzaymah, 1761.

Al-Aïd al-Fitr, fête de la rupture du jeûne

Avant de se rendre sur les lieux de prière, il est recommandé d'accomplir un bain rituel, *Al-Ghusl* ou « la Grande ablution », car le jour qui va poindre est honoré d'une prière spécifique, *Salat al-Aïd*, qui n'a lieu que deux fois l'an. Ce jour est nommé Al-Aïd al-Fitr ou fête de la rupture du jeûne, ou encore Al-Aïd al-Saghir, la petite fête ; petite par rapport à la grande fête qu'est Al-Aïd el-Kebir ou Al-Aïd al-Adha, la fête du sacrifice, que nous verrons plus loin et qui a lieu lors du douzième mois lunaire. En cette nuit de l'Aïd, les demeures sont parfumées avec de l'encens et divers *bakhour* (encens naturels d'origine minérale ou végétale), benjoin et autre myrrhe faisant de chaque demeure un lieu où les présences angéliques pourront se rendre, attirées par les douces fragrances. Levés dès l'aube, une fois le bain rituel accompli, les croyants, pour celles et ceux qui n'ont pu veiller, se parfument et revêtent leurs plus beaux habits, vêtus de blanc, d'indigo, de vert, de rouge ou de jaune, en djellabas ou en boubous, affublés d'un burnous ou d'un simple *qamis* (un genre de chemise longue arrivant aux genoux ou aux chevilles), pour se rendre à la *Musalla*. Traditionnellement pour la prière de l'Aïd, les gens se rendaient dans un espace réservé à cet effet en dehors de la ville pour rencontrer la communauté. Chacun se rend pieusement à la prière, comme pour présenter son mois de jeûne au Maître des mondes.

L'Aïd, c'est le retour...
Le retour au monde, le retour
à la vie habituelle, le retour
vers les autres avec une
nouvelle conscience,
un nouvel état d'être...

À la fois humbles dans leurs attitudes et couronnés de leurs couvre-chefs de toutes formes et toutes les couleurs — turbans blancs, jaunes ou verts, chéchias de laine ou de coton. Le musulman ainsi coiffé est à la fois serviteur et Seigneur. Sa responsabilité est grande envers lui-même et envers ceux dont il a la charge. Il rendra des comptes à Celui qui lui a confié cette immense charge d'être au sommet de la pyramide des êtres créés. En tant que Lieu-Tenant, il se doit d'être juste et généreux, et de construire un monde où règnent l'harmonie et la justice, sans jamais oublier d'où lui viennent sa force et son intelligence. Cette conscience lui permettra d'être à la fois humble et reconnaissant.

UNE NUIT DE L'AÏD EN PAYS D'ISLAM

Il y a une vingtaine d'années, j'ai eu l'occasion de passer les derniers jours du mois de Ramadan dans une ville du Maghreb.

Le soir de l'annonce de la fin dumois du jeûne et du début de Shawwal, toutes les boutiques étaient ouvertes. Une effervescence habita la ville toute la nuit durant. Les parents qui n'avaient pas encore eu le temps d'acheter de nouveaux habits pour leurs enfants se ruaient sur les derniers petits costumes restant dans les boutiques – jupes et chemises pour les filles, pantalons et gilets pour les garçons. Les commerçants, heureux de cette occasion, restaient ouverts pour écouler leurs stocks au moins jusqu'à une ou deux heures du matin. Les salons de coiffure ne désemplissaient pas non plus, parfois jusqu'à l'aube, chacun et chacune souhaitant être le plus beau ou la plus belle possible – les hommes pour la grande prière, les femmes pour rencontrer la famille et recevoir les amis.

Le jour de l'Aïd et les jours qui suivent sont les jours de visites familiales les plus importants de l'année. Cette nuit est vécue différemment selon le pays, la culture et les coutumes de chacun.

Les conditions météorologiques ont aussi un impact sur son déroulement. Dans les pays chauds, elle est vécue avec légèreté, car la nuit et le petit matin sont les moments les plus doux et les plus agréables de la journée. Dans les pays froids ou pluvieux, une organisation s'impose pour éviter de prier sous la pluie ou même les pieds dans la neige. Sans parler des contraintes de travail qui ne permettent pas toujours de prendre le temps nécessaire pour honorer ce jour. Dans les pays où ce jour n'est pas chômé, certains prennent les devants et posent des congés longtemps à l'avance pour s'assurer d'être libres pour la prière et pour passer la journée en famille ou entre amis. D'autres, n'ayant pas anticipé ou étant contraints par la nature de leur activité, doivent aller au travail aussitôt la prière accomplie. Ceux-là ne fêteront l'Aïd que le soir ou le week-end suivant... ou ne le fêteront pas.

Mon épouse me raconte que durant sa jeunesse, lors de cette nuit pas comme les autres, « les enfants emmenaient les plateaux de gâteaux sur leur tête jusqu'au four du quartier. L'odeur de la cuisson lente au feu de bois embaumait tout le quartier. Chaque région avait sa propre spécialité de gâteaux. Au moment où nous allions chercher le grand plateau de belles pâtisseries dorées, les garçonnets nous surveillaient, et dès que nous passions dans une petite ruelle, ils en profitaient pour chaparder un ou deux petits gâteaux encore chauds sans que nous puissions rien faire, au risque de faire tomber toute la précieuse cargaison ! »

La prière de l'Aïd, retour vers le centre de l'humain

La prière de l'Aïd a généralement lieu entre 6h et 9h du matin, selon le choix des autorités gérant la vie religieuse. Il est de coutume d'y aller en ayant bien pris soin de rompre le jeûne au petit matin, avec une datte, un verre de lait, un café ou un thé, selon ses préférences. Cette collation est prise pour bien marquer ce moment tant attendu où, après un mois de privations, le croyant, la croyante revient à son état habituel.

Retour vers l'Unité

Le musulman ou la musulmane revient, mais n'est pas le ou la même. Sa colère s'est transformée en patience, sa faim en humilité, son ignorance en amour, sa solitude en contemplation. Lors des nuits de prière, le croyant était fondu dans l'assemblée des croyants, il n'y avait plus pour lui de "toi" et "moi", mais seulement : "nous". Une seule âme priait : la grande âme des croyants. Ce que le croyant ne comprenait pas avec sa raison, son cœur, lui, l'a compris. Sa faim lui a rappelé tous ceux qui n'ont pas de quoi se nourrir convenablement dans notre monde. Mais surtout, elle lui a appris à remercier pour chaque petite bouchée offerte après le jeûne. Tous ses mauvais sentiments se sont dissipés dans un amour de chaque instant offert par le Maître du Temps. Définitivement ou partiellement, il a compris qu'il n'est vraiment lui-même que lorsqu'il abandonne son égoïsme et sa rancœur qui l'empêchent de faire un avec lui-même et ceux qui l'entourent – parents, amis, collègues. Chacun n'est qu'un révélateur qui lui permet d'améliorer son caractère et de développer son humanité.

Tout le monde aura bien pris soin de déposer sa *zakat al-Fitr* dans les urnes placées à cet effet avant la prière. « *Allahu Akbar*, Dieu qui transcende tout », lancera à plusieurs reprises l'imam, comme pour rappeler que Celui vers qui l'on se tourne à chaque invocation, vers Lequel on s'oriente à chaque prière, est au-delà de toutes nos limitations. Puis chacun écoutera le prône de l'imam dans la sérénité. Une fois le prône achevé et la prière accomplie, les croyants s'embrasseront et se souhaiteront mutuellement un « *Aïd Moubarak* » sur le lieu même de la *Salat*, avant de se diriger chacun vers sa demeure. Le visage resplendissant, chacun demande pour l'autre que Dieu accepte nos actes d'adoration et nous pardonne. Dieu dit en ce jour :

> *« "Ô Mes serviteurs, adressez-Moi vos demandes et, par Ma Puissance et Ma Majesté, tout ce que vous Me demanderez, vous tous, aujourd'hui rassemblés, Je vous l'accorderai si cela concerne l'Au-delà, et si cela concerne ce bas monde, Je le prendrai en considération ! Par Ma Puissance et Ma Majesté, certes Je voilerai vos fautes tant que vous Me craindrez, Je ne vous ferai pas l'affront de vous confondre en vous plaçant parmi ceux qui encourent les peines légales ! Allez ! Vous êtes pardonnés ! Vous*

> Ô Mes serviteurs,
> adressez-Moi vos demandes et,
> par Ma Puissance
> et Ma Majesté,
> tout ce que vous Me
> demanderez, vous tous,
> aujourd'hui rassemblés,
> Je vous l'accorderai.
> *Hadith Qudsî.*

M'avez Satisfait et Je le suis de vous !" Alors les anges se réjouissent pour la faveur que le Très-Haut a accordée à cette communauté en ce jour de la Rupture[112]. »

De l'Unité vers le multiple

De retour à la maison, les maris embrassent leurs épouses, les enfants leurs parents et grands-parents, parfois déjà présents à la maison depuis la veille. Ils profitent de la présence de leurs petits-enfants. Ces derniers se pavanent dans leurs nouveaux costumes. Ils attendent, pleins d'espoir, que les adultes leur donnent un petit billet ou une petite pièce qu'ils mettront précieusement dans leurs bourses. Cette récompense pour les quelques heures ou quelques jours de jeûne qu'ils ont accomplis leur donnera envie d'en faire davantage l'année prochaine.

La table est dressée, illuminée de mille et une couleurs, couverte de pâtisseries, crêpes, thé, café, lait et fleurs. Après un mois de table vide le matin, c'est le moment de prendre enfin le premier petit déjeuner. En cette matinée où brille le soleil intérieur, chacun est ravi d'avoir réussi à surmonter l'épreuve.

Un sentiment de fierté habite les âmes, fierté mêlée à une prise de conscience nouvelle : conscience de n'être pas sur Terre uniquement pour boire et manger, mais que le sens de la vie dépasse de loin nos appétences animales, qu'il existe une raison supérieure à notre existence sur Terre. Au sujet de la création de l'être humain, Dieu nous dit : « *Croyez-vous que Nous vous ayons créé sans but et que, vers Nous, vous ne serez pas ramenés ?* » (Coran 23:115). Il nous rappelle encore au sujet de l'Univers et de toute la création : « *Or, Nous n'avons pas créé par jeu le Ciel et la Terre et ce qui est entre les deux* » (Coran 21:16).

Enseignement

L'Homme a été créé pour un but qui le dépasse, et c'est en dépassant ses limites qu'il comprend qu'il ne cesse de tendre vers un au-delà de lui-même et que sa paix, sa satisfaction se trouvent dans un espace qui ne lui est pas extérieur mais se trouve en son for intérieur. Tendre vers l'éternité ne prouve-t-il pas que cette éternité est inscrite en nous ? Selon les mots de l'émir Abd el-Kader, grand sage, dans ses *Écrits spirituels* :
« *Si tu as pris conscience de ton erreur, alors Dieu t'a déjà pardonné.* »

De la maison vers le monde

En ce jour également, les messageries électroniques des réseaux sociaux ne cessent de sonner. Des millions de messages sont envoyés à ceux que la distance ou tout autre raison empêchent de se déplacer pour visiter la famille et les amis. Les plus jeunes sont censés faire le premier pas vers les plus âgés. C'est à eux qu'il revient de leur téléphoner ou d'aller leur rendre visite en premier, quand cela est possible. En règle générale, le premier jour est réservé à la famille proche, le second aux amis et à la famille éloignée, le troisième à ceux que nos cœurs souhaitent visiter en dehors des catégories précédentes.

Le premier jour de l'Aïd est un jour de fête, et il est absolument interdit de jeûner en ce jour. Il est toutefois possible pour ceux et celles qui le souhaitent de jeûner à partir du deuxième jour de Shawwal. Cela peut paraître surprenant pour les non-musulmans : comment se fait-il qu'après un mois entier de jeûne et de privation, certaines personnes souhaitent encore jeûner ?

Prière à la Grande Mosquée de Delhi, Jama Masjid, à l'occasion de l'Aïd el-Fitr .

LES SIX JOURS DE SHAWWAL OU LE DÉPASSEMENT DE SOI

« Quiconque jeûnera [le mois de] Ramadan, puis le fera suivre de six jours [de jeûne durant le mois de] Shawwal, sera comme celui qui a jeûné sa vie durant[113] *» (Hadith).*

De nos jours, cette tradition prophétique est largement suivie. La récompense de chaque bonne action ayant 10 fois sa valeur, 30 jours de jeûne équivalent à 300 jours et 6 jours à 60, ce qui donne peu ou prou l'équivalent d'une année. On aboutit à la somme totale de 360 jours, un nombre à mi-chemin entre l'année lunaire (qui dure environ 355 jours) et l'année solaire (365 jours). Le nombre 360 est bien sûr aussi très fort symboliquement, puisqu'il s'agit du nombre de degrés total du cercle, symbole d'un cycle total, le cycle d'une vie équivalant analogiquement au cycle d'une année. En effet, la vie d'un être humain est formée de quatre âges — l'enfance, la jeunesse, l'âge adulte et la vieillesse —, de même que l'année contient quatre saisons. Le symbolisme permet la transposition d'un cycle majeur vers un cycle mineur. La miséricorde divine est plus grande que Sa colère, aussi les bonnes actions sont multipliées, tandis que les mauvaises ne sont comptées que comme telles, ce que corrobore le verset suivant :

« Qui viendra avec une œuvre excellente en obtiendra alors dix fois sa valeur, et qui viendra avec une œuvre mauvaise aura une rétribution équivalente : nul ne sera enténébré d'injustice ! »

Coran 6:160.

Ces six jours sont également appelés « les jours des Endurants » (en arabe *ayyam al-sabbirin*). Les endurants vont reprendre le jeûne pour une fois encore tenter le dépassement de soi. Le jeûne peut commencer le lendemain de la fête de l'Aïd, et peut s'étaler sur tout le mois de Shawwal selon le bon vouloir de chacun, car le *hadith* indique seulement le nombre de jours sans en préciser la modalité. Les plus courageux commenceront un jour après la fête, ce qui est permis, et jeûneront les 6 jours consécutifs. Cela requiert une volonté de fer et demeure le plus difficile. D'un autre côté, hormis la détermination et l'énergie à fournir au départ, ce jeûne peut aussi s'avérer plus facile, car le corps est déjà habitué au jeûne. Pour ces jeûneurs, une « seconde fête » aura lieu le matin du 8 Shawwal. Certains nomment ce jour-là Aïd al-Abrar, l'Aïd des Vertueux.

Il est vivement recommandé pour celles ou ceux qui, pour diverses raisons (voyages, maladie, menstruations, etc.), ont manqué des jours de jeûne du mois de Ramadan, de les rattraper si possible en Shawwal. Le rattrapage est aussi possible durant toute l'année, mais il est indispensable de le faire avant le mois de Ramadan de l'année suivante.

S'il est bon de jeûner ces jours-là selon la recommandation prophétique, l'absence de jeûne n'est pas du tout blâmable. Chacun est totalement libre de les jeûner ou pas. Nous insistons sur ce point afin de ne pas culpabiliser les uns et les autres. Les cinq piliers sont clairs, le reste des actes d'adoration sont librement choisis par chacun en fonction de son état et de ses aspirations personnelles.

Le mois de Shawwal, porte d'entrée du Hajj

Le mois de Shawwal marque également le début des mois du Hajj ou « grand pèlerinage » à La Mecque. Il est considéré comme le premier mois où il est possible d'accomplir les premiers rites, notamment pour ceux qui ont fait le voyage à pied ou à dos d'animal, et qui arrivent bien en avance dans l'attente de la période où l'essentiel des rites se déroulent, c'est-à-dire le mois de Dhu al-Hijja, le douzième et dernier mois lunaire de l'année. Au temps où les voyages s'effectuaient à pied ou à dos d'animal, il n'était pas rare que ceux-ci durent une année, voire plus selon la distance à parcourir de chez soi au territoire sacré. En raison de cette lenteur relative des moyens de locomotion de l'époque, nombre de pèlerins arrivaient sur les lieux bien en avance pour être sûrs d'être présents pendant les jours du Hajj. De nos jours, les gens parviennent à la Mecque plutôt le mois suivant, qui est *Dhu al-Qi'dah*, puisque les voyages sont rarement accomplis à pied – l'avion étant privilégié.

C'est à partir de Shawwal qu'il est possible d'accomplir la *Oumra*, le petit pèlerinage, quand on souhaite l'inclure dans le grand pèlerinage.

MARIAGES

Il est considéré comme de bon augure de se marier au cours de ce mois. C'est lors du mois de Shawwal que le Prophète épousa Aïcha, selon ce qu'elle a rapporté : *« Le Prophète s'est marié avec moi au cours du mois de Shawwal et nous avons consommé le mariage au mois de Shawwal »* (Tirmidhi, n° 1093). Mais bien sûr, il est tout à fait possible de se marier durant tous les autres mois de l'année, excepté pour les pèlerins durant la période de sacralisation liée aux rites du pèlerinage. Le mariage au mois de Shawwal est une simple indication, et personne dans la communauté ne pousse de futurs mariés à se marier en ce mois, tous les mois étant strictement équivalents sur ce point.

Dhu al-Qi’dah, la onzième lune de l’année

ذُو القَعدَة

Dhu al-Qi'dah, le repos avant le mouvement

Le mois de Dhu al-Qi'dah est le premier des trois mois sacrés qui se suivent : Dhu al-Qi'dah, Dhu al-Hijjah et Muharram. Ces trois mois vont en quelque sorte relier l'année qui finit à celle qui commence, le mois de Dhu al-Hijjah marquant la fin de l'année et Muharram en marquant le début. C'est aussi une manière de symboliser la perpétuité cyclique, le fait que la fin d'un cycle marque toujours le début d'un autre.

L'année va finir par un mois sacré et une nouvelle va commencer par un mois sacré. Le nom de ce mois, Dhu al-Qi'dah, a pour signification littéralement « celui qui possède la position assise » ; aussi peut-on le traduire par « mois de l'attente », « mois où l'on reste calme », « mois où l'on s'assied ». On dit qu'il a été nommé ainsi parce qu'à l'époque antéislamique, les Arabes cessaient alors toutes querelles et laissaient les pèlerins se préparer au pèlerinage. Il ne s'agissait pas du même pèlerinage que celui qui est fait de nos jours, mais d'une visite placée sous le signe du polythéisme. On se rendait au temple de la Kaaba, où avaient été dressées au fil du temps 360 idoles ! En tant que mois sacré, Dhu al-Qi'dah doit faire l'objet d'une attention particulière de la part des croyants, la rétribution des actes louables étant multipliée ainsi que celle des actes blâmables.

Enseignement

La Présence divine nous met en garde par ces mots qui semblent emplis de tendresse pour l'être humain : « *Alors, pendant ces mois-là, n'enténébrez pas vos âmes d'injustice !* »
Coran 9:36.

Ce verset nous rappelle l'importance d'être attentif au déroulement du calendrier lunaire et de rester vigilant afin de pas enténébrer, assombrir, obscurcir nos âmes d'injustice.

Cela aurait des conséquences non seulement dans notre vie d'ici-bas mais surtout dans l'au-delà. L'être humain, par sa précipitation, son égoïsme ou simplement son manque d'expérience, est hélas souvent l'artisan de son propre malheur. Lors de ce mois, une occasion lui est donnée d'agir avec davantage de réflexion, de peser les conséquences de chacun de ses actes, chacun de ses mots, pour ne pas provoquer une situation qu'il finirait par regretter.

Ceux qui ne partent pas en pèlerinage peuvent eux aussi se préparer à l'arrivée du mois de Dhu al-Hijjah en passant davantage de temps en introspection, en méditation, en lecture du Coran, en invocations et prières surérogatoires afin, à défaut d'avoir pu diriger leurs pas vers elle, de guider leur âme vers la Maison d'Allah.

Le onzième mois nous rapproche de la fin de l'année et d'un cycle. Multiplier les actes d'adoration et de bienfaisance en cette période nous offrira la joie d'arriver sans regret à la fin de ce cycle. Le onzième mois n'est pas sans nous rappeler le symbole biblique de la onzième heure (Évangile selon saint Matthieu, 20, 1-16), à laquelle les ouvriers arrivant à la dernière heure (la onzième) reçoivent le même salaire que ceux qui ont travaillé depuis le matin. Cette parabole nous rappelle qu'il n'est jamais trop tard pour bien faire et que Dieu donnera à chacun selon la sincérité de son intention.

Les deux points culminants de l'année musulmane se situent à la fin du mois de Ramadan avec l'Al-Aïd al-Saghir, et au dixième jour du douzième et dernier mois avec l'Al-Aïd al-Kabir. Nous avons voyagé à travers l'année musulmane et ce voyage, débuté par l'émigration du Prophète de la Mecque à Médine, touche presque à sa fin.

Or le déroulement de l'année musulmane figure le voyage spirituel de chacun de nous, le cheminement de l'être vers la Proximité divine, chaque étape le rapprochant davantage de son but. Lors du mois de Ramadan, l'être voyage vers le Divin en restant sur place dans sa demeure. À la fin de ce mois, il a acquis les qualités nécessaires pour entamer le second voyage qui, lui, réclame un mouvement de l'intérieur vers l'extérieur et préfigure le voyage vers l'Infini.

Le cheminement est à la fois court et long, facile et difficile. C'est la sincérité qui rend facile la difficulté et raccourcit la longueur du Chemin...

Le mois de Dhu al-Qi'dah voit nombre de pèlerins arriver, quelque peu à l'avance, pour accomplir la *Oumra*, « le petit pèlerinage ». Comme nous l'avons dit plus haut, la *Oumra* peut être accomplie pour les pèlerins dès le mois de Shawwal. Le nouvel être qui a symboliquement émergé à la fin du ramadan (neuvième mois lunaire) est prêt à réaliser la première étape qui le mènera vers Dieu, étape qui peut être considérée comme une étape du grand pèlerinage – même si dans les faits, la *Oumra* peut être accomplie tout au long de l'année.

Le mois de Dhu al-Qi'dah pourrait paraître sans importance car il est dépourvu de rites particuliers. Mais il se trouve en position médiane entre le petit Aïd et le grand Aïd, entre le petit et le grand pèlerinage. On peut y voir un symbole de la possibilité de passage du « petit être humain[114] » vers le « grand être humain[115] ». C'est donc un mois où il est nécessaire de rester concentré pour ne pas perdre les acquis des mois précédents (notamment bien sûr les acquis du mois de Ramadan).

La nouvelle lune, Al-Hilal, symbole de l'islam ?

Dans plusieurs langues, les mots « mois » et « croissant lunaire » sont les mêmes. Dans le Coran, le mot *shahr* signifie à la fois « mois » et « vision de la nouvelle lune », ou "croissant". « *Quiconque verra de ses yeux la nouvelle lune, qu'il jeûne ce mois !* » (Coran 2:185). C'est le mot *shahr* qui est utilisé dans ce verset. Dans la langue turque, le Croissant rouge se dit *kizilay*, de *kizil*, « rouge », et *ay*, « mois ».

On peut se demander si à l'origine les mois étaient exclusivement lunaires, et si les mois solaires ne seraient pas apparus plus tardivement, non comme une manifestation de la nature, mais comme une pure construction de l'esprit. Une expression comme « lune de miel », utilisée dans nombre de langues, pourrait nous donner un indice dans ce sens. La difficulté à calculer la durée des mois dans l'année solaire et le recours à l'ajout de jours (comme dans l'année bissextile) peut nous fournir un autre indice concordant.

> « Habitants d'al-Bathâ'...
> C'est chez vous qu'est l'Élu,
> la lune blanche,
> Qui sur mon cœur conquis,
> cet horizon, se penche.
> Ah ! Puissé-je en rançon livrer
> mon âme toute,
> Pour cet astre si proche
> et si loin sous la voûte. »
>
> *Éloges du Prophète*

Ces réflexions peuvent nous amener à un début de réponse pour une tout autre question. Pourquoi, le croissant de Lune, donc la Lune, est-il pris comme symbole pour représenter l'islam ? Dieu nous dit dans le Coran que c'est Lui qui a décrété le nombre de mois, qu'il ne s'agit donc pas d'une convention arbitraire ou d'une simple vue de l'esprit (sauf si l'on donne au mot « esprit » son sens premier !).

> « *Certes, chez Allah, le nombre de mois est de douze, inscrits dans l'Écriture d'Allah, le Jour où Il a créé les Cieux et la Terre. Quatre d'entre eux sont sacrés. Tel est le Culte permanent.* »
> Coran 9:36.

Qu'est-ce que l'écriture d'Allah ? Certains disent qu'elle est issue de la « Mère du Livre » (*Umm al-Kitab*, mentionnée dans la sourate 43, verset 4), le prototype immuable dans lequel toutes choses sont écrites, toutes les possibilités sont à l'état de potentialité. Mais il est aussi dit que l'écriture d'Allah se déploie dans notre Univers, dans notre cosmos, dans notre système solaire, partie intégrante du grand livre de la nature créé par la main divine. Dieu ne nous demande-t-il pas de méditer sur Ses signes, *Ayat*, qui sont comme les versets du Grand Livre ? Le mot *ayat* signifie « signe ». Les premiers traducteurs chrétiens l'ont traduit par « verset », emprunté au vocabulaire biblique, mais cette traduction en réduit le sens, et ne permet pas de représenter le Livre de l'Univers comme un rappel du Livre écrit.

> *« En vérité, dans la création des Cieux et de la Terre, et dans la succession de la nuit et du jour, il y a des signes pour ceux qui sont doués d'intelligence. »*
> *Coran 3:190.*

La Lune présente un cycle évident et naturel, à la différence du Soleil, qui par son cycle plus long nécessite des calculs et rattrapages pour être divisé en douze. Ce pourrait être une des raisons qui ont amené au choix par la civilisation musulmane de prendre pour symbole la Lune. L'islam se déclarerait ainsi comme un retour à la nature primordiale. De plus, les mois, autrement dit les cycles de la Lune, ont été choisis par Allah lui-même pour compter le temps qui passe. Le calendrier lunaire a pour autre avantage d'obliger l'être humain à être constamment en état d'observation, les yeux rivés vers le ciel, relié donc à la nature. Ce symbole est si important qu'on le retrouve au-dessus de presque tous les minarets, posé sur de nombreuses coupoles de mosquées sur tous les continents. Certes, son symbolisme est parfois oublié : de nos jours, il est parfois posé sur les édifices religieux comme un simple décorum. Mais il n'en demeure pas moins que le croissant de lune demeure très présent à l'esprit. Par exemple, pour figurer l'organisme fournissant l'aide apportée par les pays musulmans dans le cadre humanitaire au sein du IRCRCM, il fut nécessaire de recourir au Croissant-Rouge pour le différencier de la Croix-Rouge, qui figure l'aide fournie à l'initiative des pays chrétiens.

Les astronomes. Miniature ottomane du XVIIe siècle.

Le croissant, symbole de l'Arche

Un grand nombre de pays musulmans ont choisi de faire figurer sur leur drapeau un croissant agrémenté d'une ou de plusieurs étoiles à cinq branches ou plus. Il est donc plus que légitime d'y voir un symbole de l'islam. Mais ce symbole a pu être associé à d'autres pays, contrées ou organisations diverses. Car « *le symbolisme est le moyen le mieux adapté à l'enseignement des vérités d'ordre supérieur, religieuses et métaphysiques* » (René Guénon, *Symboles de la science sacrée*). Les symboles étant par nature limités, il est tout à fait possible qu'un autre peuple ait utilisé tel ou tel symbole parce qu'il permettait d'exprimer au mieux tel ou tel concept selon la mentalité du peuple en question. Ainsi peut-on retrouver le symbole du croissant de lune dans des contrées dont la civilisation est bien antérieure à la civilisation islamique.

Le Prophète est considéré par les musulmans comme le dernier de la lignée des Prophètes envoyés par Dieu. Sa fonction se veut celle d'un sauveur universel, selon les termes mêmes de la révélation coranique : « *Nous ne t'avons envoyé qu'à titre de miséricorde pour les mondes* » (Coran 21:107) ou, selon d'autres termes, « *Nous ne t'avons envoyé à la totalité des hommes que comme annonciateur de la bonne nouvelle et comme avertisseur ; mais la plupart des gens ne savent pas.* »

Coran 34:28.

> Comprendre le sens des symboles permet d'appréhender des vérités profondes en une fraction de seconde, de manière intuitive…

La relation particulière entre le Prophète et la Lune apparaît clairement lors de l'épisode relatant son arrivée à Médine, où il est qualifié par les Médinois de « pleine lune » ! Quand on demande à « monsieur ou madame Tout-le-Monde » pourquoi le croissant de lune est le symbole de l'islam, la réponse est instinctivement : « En raison du Mawlid », ou plus simplement : « C'est le Prophète », qualifié par le Coran de Dernier Envoyé divin : « *Muhammad n'est père d'aucun de vos hommes, mais messager de Dieu, et sceau des prophètes. Et Dieu demeure savant de tout.* » Coran 33:40.

Puisqu'il n'y aura plus de Prophètes après Lui, il est logique que ce rôle de collecteur des âmes lui soit dévolu. Il sauve de l'égarement comme Noé sauve du Déluge. Mais un autre détail montre que ce n'est pas le Prophète seul qui joue le rôle d'Arche des derniers temps, mais l'islam lui-même. Nous voyons souvent l'image du croissant de lune surmonté d'une étoile à cinq branches. Le croissant représente l'Arche de l'islam, et l'étoile à cinq branches, l'humain ou l'humanité. Il était d'ailleurs courant au Moyen Âge de trouver des dessins d'être humain à l'intérieur d'une étoile à cinq branches (voir notamment le fameux dessin de Léonard de Vinci, l'*Homme de Vitruve*). En ce sens, le croissant de lune peut être compris comme le symbole de l'islam.

C'est sur le haut des édifices religieux que l'on retrouve le plus fréquemment le symbole du croissant de lune. Même sur les édifices islamiques contemporains, les architectes se sentent obligés d'inclure ce symbole à leurs constructions.

Mais d'autres significations sont aussi possibles, comme celle-ci :

> « *Dans l'architecture islamique, on voit très fréquemment, au sommet d'un minaret ou d'une qubbah*[116]*, un ensemble de trois globes superposés et surmontés d'un croissant ; ces trois globes représentent également les trois mondes, qui sont alam el-mulk*[117]*, alam el-malakut*[118] *et alam el-jabbarut*[119]*, et le croissant qui les domine, symbole de la Majesté divine (El-Jalal) correspond au quatrième monde, alam el-ezzah*[120] *(lequel est "extra-cosmique", donc au-delà de la "porte" dont il est ici question); la tige verticale qui supporte le tout est évidemment identique au mât d'un stupa, ainsi qu'aux divers autres symboles axiaux similaires dont nous avons parlé en d'autres occasions.* »
> René Guénon, *Symboles de la science sacrée.*

Même s'ils ne sont pas toujours compris, ces différents symboles – le croissant de lune et l'étoile à cinq branches – continuent d'être intégrés aux constructions contemporaines d'édifices religieux islamiques. Même si certains esprits réfractaires au symbolisme tentent de démontrer leur inutilité, leur force intrinsèque leur permet d'être conservés comme éléments de décoration. Et les autorités saoudiennes, pourtant hostiles à tout symbole, ont posé un croissant de lune sur la plus grande et plus haute horloge du monde, qui culmine à 600 mètres de haut (près du double de la hauteur de la tour Eiffel). Ce croissant ne mesure pas moins de 23 mètres, il surplombe le nom d'Allah et des versets du Coran, et est visible à 20 km à la ronde dans la ville la plus importante pour le monde musulman !

La Tour de l'horloge dans la ville sainte de la Mecque.

Le croissant de lune nous rappelle bien sûr avant tout qu'il est le moyen de compter les mois du calendrier musulman. Son apparition indique le début des mois, donc les différents rites à accomplir. C'est la Lune qui règle tous les temps liturgiques du calendrier musulman. Et c'est en soi une raison suffisante de l'utiliser comme symbole de l'islam.

> « *Ils t'interrogent sur les nouvelles lunes. Dis : "Elles servent au comput du temps, pour les gens, et aussi pour le grand pèlerinage."* »
> Coran 2:189.

ن

LE CROISSANT DE LUNE ET LA LETTRE *NUN*

Un autre lien est à souligner entre le croissant de lune, la lettre ن, *nun*, et l'Arche. Cette lettre se dessine comme un croissant de lune posé à l'horizontale, les deux extrémités vers le haut. Le point au centre n'est pas sans rappeler le croissant de lune surmonté d'une étoile. Comme une « coïncidence », celui qui avant le Prophète Muhammad fut associé à l'Arche est le Prophète Noé, dont le nom en arabe (comme en français d'ailleurs) commence par la lettre *nun*. La lettre *n* ressemble d'ailleurs étrangement à un *nun* renversé.[121] Le croissant de lune posé sur un dôme peut aussi rappeler une coupe qui recueille les influences célestes transmises au dôme, qui à son tour les reverse sur ceux qui se trouvent en prière sous la coupole.

FOI

LES PRATIQUES EN LIEN AVEC LA LUNE

À la mort d'Ibrahim, fils du Prophète et de la copte Maria, alors âgé d'à peine de 17 mois, le Prophète versa des larmes de tristesse en invoquant Allah en ces termes : « *Certes l'œil pleure et le cœur est triste mais nous ne disons que ce qui satisfait notre Seigneur. Et nous sommes certes très tristes de nous séparer de toi , ô Ibrahim.* » Soudain le ciel s'obscurcit, et la pénombre se fit en plein jour, le soleil disparaissant derrière la lune. Témoin d'une éclipse solaire, les personnes présentes dirent avec stupéfaction : « *C'est pour s'associer à ta peine, ô Prophète, que le Soleil s'est éclipsé derrière la Lune.* » Mais le Prophète rétorqua : « *Le Soleil et la Lune sont deux des signes d'Allah, ils ne s'éclipsent ni pour la mort ni pour la naissance de qui que ce soit. Lorsque vous voyez cela se produire, invoquez Allah, prononcez le takbîr,, faites la prière et donnez l'aumône !* » (Boukhari et Muslim). C'est ainsi que furent instituées les prières de l'éclipse appelées *Salat al-Kussuf* et *Salat al-Khussuf*, respectivement accomplies lors des éclipses de Lune et du Soleil. Certains emploient les deux termes de manière indifférenciée.

Cette prière s'accomplit seul ou en groupe, si possible du début à la fin de l'éclipse en question. Cela signifie que l'imam doit la faire durer un certain temps. Cette *Salat* se compose de deux *rakaats* pendant lesquels la récitation, les inclinaisons et les prosternations durent plus longtemps que dans la *Salat* habituelle, et ce à tel point qu'Aïcha ayant vu le Prophète l'accomplir dit en s'exclamant : « *Je n'avais jamais vu d'inclinaison ou de prosternation aussi longue !* »

Contempler la Maison d'Allah

En plus d'être un mois sacré, le mois de Dhu al-Qi'dah se situe juste avant le mois de Dhu al-Hijjah, qui sera le point culminant de l'année au niveau des rites. C'est donc une préparation évidente pour ceux qui ont décidé d'accomplir le grand pèlerinage. En dehors de cas exceptionnels où ils n'arriveront qu'au début de Dhu al-Hijjah, la plupart des pèlerins sont déjà sur place, arrivés le mois précédent. Pour tous ces candidats au pèlerinage (*Al-Hajj*), le voyage a déjà commencé : un voyage vers la Maison sacrée d'Allah, vers le centre du monde, pour plus de deux milliards de personnes, voyage à la recherche du *Trésor perdu*...

Durant le mois de Dhu al-Qi'dah, le voile de la Kaaba est préparé à être changé. Ce voile noir est ornementé de versets coraniques brodés de fils d'or qui s'abîment sous l'exposition constante aux radiations du soleil et sous l'effet de la chaleur qui embrase les lieux une grande partie de l'année. Pour que sa beauté soit parfaite, un nouveau voile est chaque année tissé et fabriqué par les meilleurs artisans. La coutume de ce travail de plusieurs mois perdure depuis des siècles, comme en témoigne ce texte :

« *Interdiction de la Kaaba. Le vingt-septième jour du mois de Dhul al-Q'ida, on relève les rideaux de l'illustre Kaaba à la hauteur d'environ une brasse et demie, et cela sur ses quatre faces, afin de garantir ces voiles contre les mains qui voudraient les mettre au pillage. On appelle cela l'interdiction de la Kaaba ; et c'est un jour qui réunit un grand concours d'assistants dans le noble temple. À partir de ce moment, on n'ouvre plus la sainte Kaaba qu'après l'accomplissement de la station d'Arafat (douze jours plus tard)* » (Ibn Battuta, *Voyages*).

Ceux qui sont sur place ont l'opportunité d'accomplir un acte d'adoration aussi simple qu'inattendu, qui nécessite très peu d'énergie et dont les bienfaits sont immenses. Il est dit que : « *Contempler la Kaaba est un acte d'adoration.* » Contempler la Maison d'Allah pendant plusieurs minutes ou pendant des heures relève d'une expérience hors du commun, et laisse une empreinte indélébile sur celle ou celui qui la contemple. C'est comme si ce simple cube voilé de noir était finalement l'objet de tous nos désirs. Atteindre la Maison d'Allah, n'est-ce pas atteindre notre propre cœur ?

Par la bouche de son Prophète, Dieu a prononcé une Parole sainte :

> « La Terre et le Ciel ne peuvent me contenir
> Mais le cœur de Mon serviteur fidèle, lui Me contient ! »
>
> *Hadith Qudsi.*

Dhu al-Hijjah, la douzième et dernière lune de l’année

ذو الحجة

« Le premier sanctuaire établi pour les humains est celui qui se trouve à Bakka, lieu porteur de bénédictions et guidance pour les êtres de l'Univers. »
Coran 3:96.

Le nom de ce mois signifie « Celui en lequel est le Hajj » ou « le possesseur du pèlerinage ». Pour les pèlerins, c'est autour des rites du Pèlerinage que la plupart des efforts faits en ce mois vont concentrer. Pour ceux qui n'ont pas la chance d'être sur le territoire sacré à cette période et sont restés chez eux, la participation se fera à distance, mais n'en sera pas moins effective. C'est comme si les actes des pèlerins allaient se répercuter par ondes vibratoires dans toutes les directions de l'espace, en cercles concentriques, sur l'ensemble de la communauté musulmane. Mais pour bénéficier au maximum des effluves qui se déversent en cette période, il faudra accomplir certains actes surérogatoires comme le jeûne, le sacrifice d'un animal, ou des invocations à certains moments précis, pour être en relation étroite avec l'ensemble des pèlerins venus des cinq continents.

« Il incombe aux humains
d'aller faire, pour Allâh,
le Pèlerinage au sanctuaire,
pour qui en a les moyens.
Qui a dénié, alors vraiment,
Allâh, Autosuffisant, se passe
des êtres de l'Univers ! »

Coran 3:97.

La Kaaba, le lieu du Sans-Lieu

Revenons sur le lieu en lequel ou autour duquel s'accomplissent la plupart des rites : la Kaaba, le sanctuaire sacré de La Mecque, également appelé *Bayt Allah al-Haram*, qui signifie « la Maison sacrée d'Allah ».

« Selon le Coran (2:115), “où que vous vous tourniez, là est la Face de Dieu”. La prière du croyant doit pourtant s’orienter vers un point d’espace déterminé par des coordonnées géographiques précises : 21° 27’ de latitude nord, 39° 43’ de longitude est. Et quand il accomplit le pèlerinage, il s’achemine obligatoirement vers ce même point. C’est dans l’œuvre d’Ibn Arabi — et plus particulièrement dans le récit de son arrivée à La Mecque en 1202 — qu’on cherchera une interprétation de ce paradoxe qui fait de la Kaaba le “lieu du Sans-Lieu”. [...] Mais lorsqu’il s’oriente ainsi vers le *Bayt Allah*, le pèlerin ou l’orant vise en réalité un point qui échappe aux coordonnées du géographe comme aux repères de l’historien car, pour la tradition musulmane, il est celui-là même d’où se déploient l’espace et le temps. Au commencement était la Kaaba : c’est à partir d’elle que la Terre fut étalée puis affermie par les montagnes. C’est de son argile que furent créés la tête et le front d’Adam. Retour à ce que la tradition désigne comme “le nombril de la Terre”, “le centre du monde d’ici-bas”, “la mère des cités”, le Hajj est aussi retour à l’instant ou s’ébranla l’horloge du temps : “Le temps est revenu à son état premier, celui qui était le sien le jour où Dieu créa les Cieux et la Terre”, proclame le prophète lors du Pèlerinage d’adieu. »

Michel Chodkiewicz, « Le paradoxe de la Kaaba », *Revue de l’histoire des religions*.

« Labayk Allahuma Labayk, Labayk la sharika Laka Labayk, Inna al-hamda wa ni 'mata Laka wal-mulk la sharika Lak...
Me voici, ô mon Dieu, me voici ! Tu n'as point d'associé, me voici ! À Toi la Louange, la Grâce et le Royaume ! »

C'est par ces mots scandés par des millions d'hommes et de femmes que s'ouvre le chemin du Hajj.

Pour la plupart des pèlerins, leur présence en ce lieu et en ce mois est liée à la quête de toute une vie ! Certains sont en route depuis des semaines, voire des mois pour ceux qui se rendent encore à pied dans les territoires sacrés (*al-balad al-haram*). C'est encore le cas de certains pèlerins venant d'Inde, du Pakistan, du Bengladesh ou d'Afrique. Leur pauvreté ne leur permet pas de prendre les transports, comme l'avion, le bus ou le bateau, mais leur foi est si forte et leur désir de la rencontre si grand que tous les efforts leur paraissent un juste prix à payer pour enfin se retrouver face à la Kaaba, la Maison de Dieu.

« Me voici ô mon Dieu me voici ! Tu n'as point d'associé, me voici ! A Toi la Louange, la Grâce et le Royaume ! »

Certains dépensent pour venir les économies de plusieurs années. Chaque centime fait l'objet d'une attention particulière pour s'assurer que l'argent qui sera dépensé est bien d'origine licite. Chacun a ses propres critères de scrupules : si le premier travail paraît douteux, certains n'utiliseront que l'argent gagné dans un second travail. D'autres encore, en raison du coût énorme de ce voyage, le plus beau de leur vie, attendent l'aide d'un enfant, d'un parent ou d'un ami plus fortuné.

Il est à noter qu'en aucun cas on ne pourra partir à La Mecque s'il nous reste des dettes à régler. Il n'est pas possible non plus d'y aller en contractant un prêt, car en réalité le pèlerin ne sait pas s'il pourra ou non revenir dans sa patrie d'origine. Pendant des siècles, le voyage à La Mecque était synonyme de très longs mois de voyage, jalonnés d'épreuves et soumis à la fatigue, sans assurance de retour tant l'insécurité régnait sur certaines voies.

De nos jours toutefois, la peur de ne pas rentrer s'est largement estompée. Car pour une grande partie des pèlerins, le voyage s'accomplit dans de bonnes conditions de confort, souvent en avion et sur une durée raisonnable, de trois à cinq semaines en moyenne. De nos jours, la difficulté liée à la longueur du voyage est remplacée par les épreuves dues au nombre incroyable de personnes qui se retrouvent en même temps au même endroit. Cette promiscuité est un enjeu majeur, et des disputes qui ne devraient pas avoir lieu en pareilles circonstances peuvent être un danger qui guette le pèlerin s'il n'est pas attentif à son comportement, au risque d'entacher la qualité de ses rites. Une grande attention et une grande concentration sont donc nécessaires pour réaliser le cinquième pilier de l'islam, le seul qu'il n'est nécessaire d'accomplir qu'une seule fois dans la vie pour qui en a les moyens.

Pour ce dernier mois, un des plus importants (même si tous le sont), nous allons nous placer successivement du point de vue de ceux qui ne seront en pèlerinage que par le cœur, depuis leur lieu de vie habituel, et des pèlerins. Les premiers tenteront d'entrer en communion avec les seconds, devenus les invités du Tout-Rayonnant d'amour, selon la formule consacrée : « *Dhuyuf al-Rahman* ».

FOI

LES DIX PREMIERS JOURS DE DHU AL-HIJJA

« Par l'Aube ! Par dix nuits ! Par le Pair et l'Impair ! Par la nuit quand elle se propage ! Y a-t-il en cela un serment pour qui est doué d'entendement ? »
Coran 89:1-5.

Ce verset a été commenté nombre de fois, mais l'interprétation la plus fréquente est celle qui désigne ces dix nuits comme les dix premières nuits de Dhu al-Hijja. Selon Jabir, le Prophète a dit : *« Les jours les plus excellents en ce monde sont les dix jours de Dha-l-Hijjah. »* Et selon Ibn Zubayr et Ibn Abbas, « ce sont les dix premières nuits de Dhu al-Hijjah, mais selon une autre version Ibn Abbâs a estimé que ce sont les dix dernières de Ramadan » (Abd al-Qadir al-Jilani, *Le Mois de Dhul al-Hijjah*). Pour certains commentateurs comme Tabari, il s'agit des dix nuits de Muharram. Quoi qu'il en soit, il paraît évident que ce sont les dix premiers jours du mois de Dhu al-Hijja qui revêtent la plus grande importance parmi tous les jours de l'année, car ils précèdent le jour considéré comme le plus important de l'année, le jour de la Grande Fête ou de la Fête majeure.

« Le Pèlerinage, c'est Arafat. »

عشر مباركة

Des dix derniers jours de Ramadan aux dix premiers jours de Dhu al-Hijja

Revenons un moment sur l'assertion qui identifie ces jours aux dix derniers jours de Ramadan, même si les *hadiths* avançant cette hypothèse sont beaucoup moins nombreux. Un lien étroit apparaît entre les dix derniers jours de Ramadan et les dix premiers de Dhu al-Hijja. En premier lieu à cause du nombre dix, mais pas seulement. À l'issue des dix derniers jours de Ramadan se déroule la fête mineure ou petit Aïd ; et au dixième jour de Dhu al-Hijja, la fête majeure ou grand Aïd. Pendant les dix derniers jours de Ramadan, le croyant était comme concentré au maximum de ses forces, en état de jeûne et/ou de retraite spirituelle, *Al-I'tikaf*. Il se retrouve à nouveau concentré les dix premiers jours, surtout pour ceux qui sont en pèlerinage. Comme quelqu'un qui aurait retenu son souffle pour nager sous l'eau pendant les mois de Shawwal et de Dhu al-Qi'dah, et qui retrouve encore davantage de concentration en sortant la tête de l'eau pendant les dix jours de Dhu al-Hijja. Le neuvième jour, arrivé sur le mont de la Miséricorde, il s'expose au Rayonnement de l'amour divin de tout son être, de toute son âme, pour enfin atteindre la consécration totale le dixième jour de Dhu al-Hijja, qui lui permettra de prétendre au titre de *Hajj* ou *Hajja* qu'il ou elle pourra placer devant son prénom et qui lui donnera un statut particulier au sein de la Communauté muhammadienne.

Les actes conseillés pendant ces jours bénis

Le jeûne peut être accompli du premier au neuvième jour, mais peu de personnes accomplissent autant de jours de jeûne. En revanche, un grand nombre de personnes jeûnent le neuvième jour en raison du *hadith* du Prophète au sujet du jeûne du jour d'Arafat : « *Il expie [les fautes de] l'année passée et celles de l'année à venir* » *(Hadith)*. Mais ce conseil s'adresse uniquement à celles et ceux qui ne sont pas en pèlerinage, car les pèlerins ne jeûnent pas ce jour !

Nous n'allons pas ici décrire tous les rites du pèlerinage, nombre d'ouvrages[122] existant à cet effet, ni passer en revue en détail toute sa symbolique, à la fois complexe et très bien expliquée par d'autres livres[123]. Nous allons cependant nous attarder sur certains moments clés, comme le neuvième jour, nommé *Yawm 'Arafah*.

Le neuvième jour, jour d'Arafat

Il revêt une importance fondamentale parmi les rites du grand pèlerinage. Si le pèlerin n'est pas présent à cet endroit, à ce moment, alors son pèlerinage n'est pas validé. Pour le reste des rites, circumambulations, jets de pierre sur les stèles, allers-retours entre les monts de Safa et de Marwa, etc., des compensations ou des rattrapages sont toujours possibles, mais la station du jour d'*Arafah* n'est pas rattrapable. C'est en ce sens que le Prophète a dit : « *Al-Hajj, 'Arafah* », qui signifie : « *Le Pèlerinage, c'est Arafat* » ; sous-entendu : la présence du pèlerin le neuvième jour dans la plaine d'Arafat, dont le centre est le mont de la Miséricorde, est indispensáble. C'est à cet endroit et à ce moment que tous les pèlerins sont réunis, habillés de deux pièces d'étoffe blanche non cousues, la tête nue, les cheveux hirsutes, le visage tourné vers le ciel. Pour certains, ils ressemblent à des milliers d'essaims blancs parsemés à même les flancs de la colline ; d'autres sont abrités dans des dizaines de milliers de tentes blanches étendues sur la plaine comme autant d'îlots sur un océan de sable et de rocaille. Le seul acte obligatoire en ce jour est d'être ici et maintenant. Comme si toute l'essence du pèlerinage se résumait à cet adage maintes fois entendu : « être au bon endroit, au bon moment ». C'est le jour de la grande rencontre, le jour de la Connaissance et de la reconnaissance...

Le jour de 'Arafah vécu loin du territoire sacré est un jour de jeûne pour nombre de croyantes et de croyants qui espèrent le pardon divin promis par le Prophète. Ils passent une grande partie de leur journée en invocations, avec la certitude que les théophanies, les *tajjalis* qui se manifestent à des milliers de kilomètres de leurs lieux de vie se propageront jusqu'à eux et sur l'humanité entière.

« Avec Arafat, nous touchons au but et à l'essence même du pèlerinage islamique. Son symbolisme est purement métaphysique ; sa Station, celle de la Connaissance suprême. Le pèlerin qui y parvient accède à la "Maison" véritable, celle qui n'est pas bâtie de pierres : "Maison de la Connaissance" pour celui qui s'y prosterne, "halte", dit le Cheikh al-Akbar, "où s'obtient la Connaissance par Allah". Franchissement des limites existentielles, intuition dépassant les limitations de l'Intellect créé, réalisation directe et sans intermédiaire de la Présence divine, telle est, pour l'essentiel, la signification initiatique de cette Station ultime, qui est aussi, comme le dit Qachani, "le principe et la finalité de l'ensemble des rites du pèlerinage". Arafat est à la fois le nom du jour (*yawm 'Arafah*) et du lieu ('Arafat) où s'accomplit le *wuquf*, c'est-à-dire l'"Arrêt" extrême de la pérégrination [...]. Ce qu'il importe cependant de souligner avant tout, c'est le lien direct qu'il y a entre le nom même d'Arafat et la Connaissance métaphysique désignée par le terme *marifa*, qui est de même racine[124]. »

Charles-André Gilis, *La Doctrine initiatique du pèlerinage.*

C'est en ce jour, qui de surcroît tomba un vendredi, que le Prophète prononça le sermon de l'Adieu. En ce jour également qu'il reçut les versets qui annonçaient la fin de la révélation : « *Aujourd'hui, J'ai rendu parfaite votre Religion, J'ai parachevé Ma grâce sur vous et J'ai agréé l'islam pour être votre Religion.* » Coran 5:3. Le texte du sermon de l'Adieu nous est parvenu tel qu'il a été prononcé par le Prophète il y a quinze siècles. Prononcées lors du pèlerinage peu avant Sa mort, ces paroles du Prophète ont été considérées comme un testament, et ont été transmises de génération en génération avec un soin particulier. C'est également à cette occasion qu'ont été fixés un grand nombre de principes et de rites qui allaient faire de l'islam une voie vers la Vérité, où beauté et majesté se côtoient constamment. La force et la poésie du discours prophétique continuent de toucher les cœurs jusqu'à nos jours, nous vous en partageons quelques extraits afin que vous puissiez y goûter.

« Aujourd'hui, J'ai rendu parfaite votre Religion, J'ai parachevé Ma grâce sur vous et J'ai agréé l'islam pour être votre Religion. »

Le sermon de l'Adieu

« Ô peuple ! Prêtez-moi une oreille attentive, car je ne sais pas si je serai encore parmi vous l'an prochain. Alors, écoutez ce que je dis avec beaucoup d'attention et transmettez ces mots à ceux qui ne pouvaient être présents aujourd'hui. Ô peuple ! Tout comme vous considérez ce mois, ce jour, cette cité sacrée, considérez aussi la vie et la propriété de tout musulman comme sacrées. Rendez les biens qu'on vous a prêtés à leurs propriétaires de droit. Ne faites de mal à personne de façon qu'on ne vous fasse pas de mal. Souvenez-vous qu'un jour vous rencontrerez votre Seigneur et Il vous demandera des comptes sur vos actions en ce monde. Dieu vous a interdit l'usure. Alors, toute obligation usuraire doit désormais être annulée. Votre capital est à vous. Vous n'infligerez ni ne souffrirez d'aucune iniquité. [...] Ô peuple ! Les négateurs jouent avec le calendrier afin de rendre permissible ce que Dieu a interdit et interdire ce que Dieu a permis. Selon Dieu, les mois sont au nombre de douze. Quatre d'entre eux sont sacrés. Trois d'entre eux sont successifs et un survient entre les mois de Jumada et de Cha'ban. [...] Ô peuple ! Écoutez-moi avec sincérité. Adorez Dieu, accomplissez vos cinq prières quotidiennes, jeûnez le mois de Ramadan et donnez de votre bien en *zakat* (charité). Faites le Hajj (pèlerinage), si vous le pouvez. [...] Toute l'humanité descend d'Adam et Ève. Un Arabe n'est pas supérieur à un non-Arabe et un non-Arabe n'est pas supérieur à un Arabe. Un Blanc n'est pas supérieur à un Noir et un Noir n'est pas supérieur à un Blanc, si ce n'est par la piété et la bonne action. [...] »

Ce discours est si important dans l'établissement des droits et des devoirs de chacun dans la communauté naissante, que certains y voient une des premières et des plus complètes chartes des droits de l'homme de l'histoire. On en dénombre au moins treize articles : *Droit à la dignité, à la sécurité et à la vie, Droit de récupérer la confiance du propriétaire, Droit de posséder un bien, Droit à la sécurité, Droit à la liberté personnelle et à l'indépendance financière, Absence de discrimination, Droit d'accès aux informations, Droits des hommes et des femmes, mari et femme, Droits de maintenir les institutions religieuses et de pratiquer la religion librement, Égalité des droits sociaux et économiques, Droit à la justice, Droits d'héritage des enfants de sexe masculin et féminin, Droit à la protection de la loi*[125]. En termes de symbolisme, nous retrouvons une nouvelle fois le chiffre 9, annonciateur de l'accomplissement de la révélation, à la fin des 9 jours qui ont précédé, le 10 Dhu al-Hijja sera le jour de la renaissance des pèlerins en tant que *hajj*.

« Pour les pèlerins, c'est un jour exceptionnel. En ce jour béni, ils peuvent enfin prétendre au titre de hajj ou hajja, pèlerin ou pèlerine, qui reconnaît l'accomplissement du pèlerinage à La Mecque. Ce titre leur vaudra le respect de leur entourage, et les obligera a un comportement exemplaire en toutes circonstances. »

Le jour de l'abreuvement

Dans certaines confréries soufies, les disciples sont encouragés à jeûner du 1er au 9 du mois. Mais certains maîtres spirituels, souhaitant ne pas trop alourdir leurs disciples mais les encourager à accomplir davantage de bonnes œuvres que la moyenne des croyants, donnent l'exemple en jeûnant le 8 et le 9 du mois. Le but est ainsi d'établir une relation plus étroite avec les pèlerins et de bénéficier de davantage de récompenses.

Mais à quoi correspond le 8 Dhu al-Hijja ? Ce jour est appelé *yawm al-Tarwiyyah*, « jour de l'abreuvement », car c'est en ce jour que les pèlerins effectuaient leurs provisions d'eau en prévision de leur séjour à Arafat et à Minâ, lieux totalement déserts. Jeûner en ce jour est une grande bénédiction, d'autant plus qu'il se situe à la veille du grand jour d'Arafat, le jour de la Connaissance. Jeûner le 8 et le 9, c'est aussi faire ses provisions d'eaux célestes afin d'étancher notre soif de connaissance, de connaissances nécessaires à la préparation de *yawm al-Hashr*, le jour de l'Assemblée ou du Rassemblement. Le jour d'Arafat préfigure aussi pour les musulmans celui de la Résurrection, celui où tous les humains seront réunis en attendant le jugement divin, où il n'y aura nulle autre ombre que la Sienne...

« Et ce jour-là, Nous plierons le Ciel, comme plie le scribe un parchemin. Et de même que Nous avons procédé à la première Création, de même Nous la recommencerons. C'est une promesse que Nous Nous sommes faite, et Nous l'accompliron. »
Coran 21:104.

Le dixième jour, le jour de l'Aïd el-Kebir

Pour les pèlerins, c'est un jour exceptionnel. En ce jour béni, ils peuvent enfin prétendre au titre de *hajj* ou *hajja*, « pèlerin » ou « pèlerine », qui reconnaît l'accomplissement du pèlerinage à La Mecque. Ce titre leur vaudra le respect de leur entourage, et les obligera à un comportement exemplaire en toutes circonstances, au risque d'entacher le précieux sésame, et de ne plus être dignes de porter ce titre. Quoi de plus dévalorisant qu'une personne qui, en dépit de tous les efforts, ne tient pas le rang que les gens attendent d'elle et en devient la risée ? Au temps où les pèlerins étaient moins nombreux du fait de la difficulté des voyages, ce titre était si précieux que pour prouver que la personne avait bien accompli son pèlerinage, les autorités religieuses pouvaient lui délivrer un certificat de Hajj, comparable à un certificat de naissance. Un exemplaire de très belle facture est exposé au musée des Arts turcs et islamiques d'Istanbul. Mesurant environ 1 m sur 50 cm, il est calligraphié sur un parchemin décoré d'enluminures. Il est orné de dessins représentant des arcs ornementés de diverses formes, le tout représentant une maison à cinq niveaux. Entre chaque niveau, des textes calligraphiés – que nous n'avons hélas pu déchiffrer – sont insérés entre deux lignes rouges. L'expérience de cette matinée du 10, dans les années 1920 nous est magnifiquement représentée par le peintre Étienne Dinet, qui effectua le pèlerinage en 1929.

« À notre réveil, c'est l'Aïd el-Kebir, c'est-à-dire la grande fête, où tous les musulmans s'embrassent en oubliant leurs querelles ; c'est la fête du Quourbane ou du sacrifice, en souvenir du sacrifice d'Ibrahim, et ici, c'est en plus la fête de tous les pèlerins devenus des hadjs depuis la veille. Et une immense rumeur de joie s'élève de cette sombre vallée de Mina, dont les montagnes rocailleuses, dénudées, carbonisées, ne reflètent aucune lumière, toute la lumière éblouissante de ce soleil du tropique semblant réservée aux seuls croyants qu'elle illumine. »

Étienne Dinet et Slimane ben Ibrahim, *Le Pèlerinage à la Maison sacrée d'Allah*.

Certificat de pèlerinage au temps du Grand Empire seldjoukide (turco-perse), fin du XIIe siècle.

FOI

POUR L'ENSEMBLE DES CROYANTS À TRAVERS LE MONDE

En ce jour, les croyants du monde entier se dirigent vers les mosquées dès les premières lueurs de l'aube, à jeun dans le respect de la tradition. Ils rompront leur jeûne une fois la *Salat al-Aïd* accomplie. Certains sont arrivés pour *Salat al-Fajr* et sont restés assis dans le lieu de la prière, à la mosquée ou dans la *musalla* (espace de prière), invoquant Dieu par le *Takbir*, le *Tahmid*, le *Tahlil* et le *Tasbih*. Cela revient à dire : « *Subhan Allah, wal-Hamdulillah, wa La ilaha il-l-Allah wa-Allahou Akbar* » (« Gloire à Dieu, Louange à Dieu, il n'y a de Dieu que Dieu, Dieu transcende tout »). Invoquer Dieu en ce jour par la formule de transcendance est un acte fortement recommandé, le Prophète ayant dit : « *Parez vos jours de fêtes par la formule de transcendance [al-Takbir]* » (Tabarani). Il est ainsi rapporté que les compagnons faisaient leurs invocations à voix haute depuis chez eux ou depuis la *musalla*, et continuaient sur place le *Takbir* jusqu'à l'arrivée de l'imam. Il est également rapporté que le Prophète empruntait un chemin différent à l'aller et au retour de la prière.

Ayyam al-Tashriq, les jours de l'Illumination

Où qu'ils soient, les croyants doivent également accomplir après chaque prière canonique le *Takbir*, depuis le coucher du soleil, la nuit de l'Aïd (soit au début du dixième jour) jusqu'à la fin du treizième jour. Ces jours de *Takbir* (le fait de dire « *Allahu Akbar* »), les 10, 11, 12 et 13 Dhu al-Hijja sont également les jours pendant lesquels le sacrifice peut être accompli. *Le Takbîr* signifie : « Dieu transcende tout », « Dieu est au-delà de tout ce que je peux imaginer ». Les trois jours qui suivent le jour de l'Aïd se nomment *Ayyam al-Tashriq*, que nous traduirons par « les jours de l'Illumination ». On dit qu'ils ont été nommés ainsi car ces jours-là, on mettait la viande du sacrifice à sécher sous le soleil ardent afin de pouvoir la conserver, d'où le lien avec l'illumination du soleil. Pour notre part, nous y voyons surtout une indication sur l'état des pèlerins, inondés par les grâces divines le jour d'Arafat, dans un immense déversement de *Barakah*. Les croyants où qu'ils se trouvent célèbrent en chœur l'incommensurabilité des bienfaits divins dont ils sont l'objet. En ces jours, la joie habite les cœurs de toute la communauté muhammadienne – grands et petits, riches et pauvres, hommes et femmes sans distinction de classe, de couleur ou d'âge.

La prière de l'Aid à la Grande Mosquée de Paris.

Salat al-Aïd

La prière de l'Aïd se déroule ainsi : à l'arrivée de l'imam, une personne appelle les croyants à accomplir *Salat al-Aïd* sans faire l'appel à la prière, *al-Adhân, mais* en disant simplement : « *Salat al-Aïd yarhamkoum Allah* », « *La Salat al-Aïd, qu'Allah vous fasse Miséricorde.* » Puis il entame une prière de deux *rakaats*. Mais à la différence des prières habituelles, il prononce 7 *Takbirs* au début de la première *rakaat*, et 5 *Takbirs* au début de la seconde *rakaat*[126]. Une fois la prière accomplie, les croyants restent assis pour écouter le prêche de l'imam. Il rappelle l'histoire d'Abraham et du sacrifice, exhorte au bien et à l'excellence dans tous nos actes. Il intercale dans son prêche quelques formules de transcendance, comme « *Allahu Akbar, Allahu Akbar, Allahu Akbar* ! » Une fois son prône achevé, il souhaite « *Aïd Moubarak* » à toute l'assemblée. Puis à leur tour les croyants se souhaitent « *Aïd Moubarak* » et se demandent pardon mutuellement, comme lors de la fête de la fin du ramadan mais avec davantage encore d'intensité.

Le sacrifice d'Abraham

« Quand l'enfant eut atteint [l'âge] d'aller avec son père, celui-ci dit : "Mon cher fils ! En vérité, je me vois en songe, en train de t'immoler ! Considère ce que tu en penses !" "Mon cher père", répondit-il, "fais ce qui t'est ordonné ! Tu me trouveras, s'il plaît à Allah, parmi les Constants." »
Coran 37:102.

Relaté dans le Coran comme dans la Bible, cet épisode fait partie des croyances des trois religions monothéistes : judaïsme, christianisme et islam. Le personnage d'Abraham est commun et fait figure de lien essentiel entre ces différentes expressions de la foi. Pour les uns, il s'agit du sacrifice d'Isaac ; pour les autres, de celui d'Ismaël. Le personnage principal de cet épisode important reste Abraham, au-delà des divisions, considéré comme le Père des croyants. C'est encore Abraham qui, selon les versets du Coran, est le bâtisseur de la Kaaba, ce qui le place au cœur du pèlerinage.

> « En ce lieu : des Signes explicites, c'est la station d'Abraham, et qui y pénètre se trouve jouir de la sécurité. »
> Coran 3:97

La station d'Abraham

À proximité immédiate de la Kaaba se trouve un endroit dénommé *Maqam Ibrahim*, « la station d'Abraham ». Le pèlerin doit y accomplir une prière de deux *rakaats*.

« Nous avons fait de la Maison un lieu où l'on revient souvent et un asile pour les hommes. Prenez donc la station d'Abraham comme lieu de prière. Nous avons conclu un pacte avec Abraham et Ismaël. "Purifiez ma Maison pour ceux qui accomplissent les circuits ; pour ceux qui s'y retirent pieusement, pour ceux qui s'inclinent et se prosternent." ».
Coran 2:125.

Le Coran enjoint les visiteurs du Temple à accomplir une prière en cet endroit, qui, dit-on, renferme les traces des pieds d'Abraham. Comme pour signifier que visiter la Maison sacrée, c'est être sur les traces d'Abraham ; or être sur les traces de quelqu'un, c'est suivre son chemin. Par son histoire, Abraham réunit ceux qui aujourd'hui s'opposent alors même qu'ils prétendent suivre son chemin. Si ce n'est d'eux, d'où viendrait la Paix, *Al-Salam* ?

Un autre verset peut nous éclairer :
« En ce lieu : des Signes explicites, c'est la station d'Abraham, et qui y pénètre se trouve jouir de la sécurité. »
Coran 3:97.

Entrer dans la station d'Abraham, c'est être au-delà des différences et des divergences ; c'est protéger à la fois Ismaël, ancêtre du Prophète Muhammad, et Isaac, père de Jacob (aussi appelé Israïl), qui sont des prophètes pour les juifs et les chrétiens, mais aussi des références pour les musulmans. Le pèlerinage n'aurait-il pas finalement pour but d'apprendre à faire un avec l'humanité, pour peut-être un jour prétendre à la Proximité divine ?

Le sacrifice, de nos jours

> *« En effet, c'était là l'épreuve évidente. Nous le rachetâmes au prix d'une [autre] immolation considérable. Et nous perpétuâmes [le souvenir d'Abraham] parmi les générations postérieures. »*
> Coran 37:106-108.

Nous ne reviendrons pas sur l'histoire du bélier qui miraculeusement a remplacé le fils d'Abraham sur l'autel (racontée dans la sourate 37, versets 102 à 109), mais nous allons parler du déroulement du sacrifice et tenter de réfléchir à son sens profond. Les récits de la *sunna* nous rapportent qu'après l'accomplissement de la prière de l'Aïd, le Prophète immola deux bêtes, l'une en son nom et en celui de sa famille, l'autre au nom de la communauté. Cette intention montre sa sensibilité, son altruisme et son amour pour les autres.

De nos jours dans certains pays où la tradition perdure, comme au Maroc, le souverain, après la Salat al-Aïd, est le premier à immoler un bélier. Il symbolise en quelque sorte le chef spirituel. Une fois le sacrifice accompli par le souverain, chaque chef de famille revivifie à son tour le geste d'Abraham. Dans la plupart des pays musulmans où vit une importante communauté musulmane, la prière est effectuée assez tôt afin de laisser à chacun le maximum de temps pour accomplir cette *sunna*. L'immolation, le dépeçage de l'animal, le nettoyage des différentes parties (parties digestives et respiratoires, pattes, tête...) prennent beaucoup de temps, d'autant que la plupart des gens sont des novices.

La coutume veut que ce soit le chef de famille qui sacrifie lui-même sa bête. Mais dans les faits, beaucoup délèguent cette tâche à des spécialistes, soit parce qu'ils ne supportent pas la vue du sang, soit parce que l'idée de donner la mort à un animal les répugne. Dans certains pays, les autorités gèrent les sacrifices dans des endroits dédiés pour que la tradition soit accomplie dans les meilleures normes d'hygiène. Cette organisation facilite grandement la tâche de chacun.

Il est possible d'offrir en sacrifice caprins, ovins, bovins ou camélidés. Pour ce qui est des chèvres et des agneaux, ce sont des bêtes qui doivent être sacrifiées par une famille ; pour ce qui est des grandes bêtes, il est possible de s'associer à plusieurs, avec un maximum de sept familles pour un veau, un bœuf ou un chameau. La tradition prophétique nous indique clairement le chemin de la générosité et du partage concernant l'animal sacrifié. Il doit être partagé : un tiers pour soi, un tiers pour les pauvres et un tiers pour les proches, car la *sunna* dit qu'« *il faut manger un tiers, donner un tiers en cadeau et offrir aux pauvres un tiers* » (rapporté par Ibn Abbas selon Asfahani).

> « Ce n'est pas leur chair, ni leur sang qui atteindront Dieu, mais c'est votre piété qui L'atteindra. »
> Coran 22:37.

> *« Et Nous vous avons assujetti les grosses bêtes comme rituel institué par Allah : elles sont pour vous un bien ! Alors, invoquez le Nom d'Allah sur elles quand elles sont mises en rangs. Dès lors qu'elles seront tombées mortes sur le flanc, mangez-en et faites prendre repas au mendiant et au démuni. Ainsi Nous vous les avons assujetties. Puissiez-vous être reconnaissants ! »*
> Coran 22:36.

En acceptant de sacrifier son fils, Abraham accepte de donner ce qu'il a de plus cher à Dieu. Cet enfant était d'autant plus précieux qu'Abraham l'avait attendu jusqu'à un âge avancé. De nos jours, le sacrifice de l'animal équivaut, par la grâce divine, au sacrifice de notre propre âme qui est, selon certains commentateurs, ce que l'être humain par nature égoïste a de plus cher.

« Enfin vient l'immolation des victimes [...] puisque, en réalité, c'est l'âme individuelle qui est sacrifiée dans ce rite. Comme l'écrit encore Tirmidhi : "Le pèlerin immole sa victime comme une rançon pour sa propre âme ; du fait que celle-ci s'est trouvée (quelquefois) en accord avec le *Shaytan*, elle s'est attirée la rigueur de la vengeance qu'Allah – Puissant et Grand ! – peut exercer sur elle en l'immolant. Cependant, le Très-Haut a conféré [à l'homme] le droit de sacrifier une victime qui le représente. C'est là une générosité de la part d'Allah – louange à Sa Transcendance ! – et une bienveillance. Il est, en vérité, Bienveillant (*Latif*) pour qui Il veut. »

Charles-André Gilis, *La Doctrine initiatique du pèlerinage*[127].

Le jour de l'Aïd, tout le monde – grands et petits, femmes et hommes – s'affaire autour du bélier, de l'agneau, de l'agnelle ou de la chèvre. Ce sont des jours de joie sans pareille. Pour ceux qui disposent d'une courette ou d'un jardinet, l'agneau est là depuis plusieurs jours. Les enfants lui apportent eau et nourriture et le caressent ; les plus craintifs en ont peur, ils approchent d'un pas et reculent de deux, sursautent au moindre bêlement. On prend la pose pour immortaliser la scène lors d'une séance photo en famille, en posant les plus petits sur le dos de l'animal.

Au temps du Prophète – sur lui la Grâce et la Paix –, le bélier était honoré de guirlandes de fleurs passées autour de son humble cou, et son front était parfois orné de dessins au henné, le tout dans la plus grande douceur. Cette douceur avant le sacrifice est toujours de mise de nos jours. La tradition veut que l'on ne montre jamais la lame à l'animal afin de ne pas l'effrayer. Si la famille possède plusieurs bêtes, alors les moutons ne doivent surtout pas voir celui qui est sacrifié. Tout le monde prend grand soin de les éloigner les uns des autres afin de ne pas les traumatiser ; cela pourrait de surcroît, disent certains, avoir un effet néfaste sur le goût de la viande. Pour que l'animal ne souffre pas, il est recommandé d'aiguiser parfaitement l'outil qui servira au sacrifice. Nous sommes très loin des abattoirs modernes où les pauvres animaux sont tirés par les pattes par une machine, suspendus encore vivants, puis tués, dépecés, morcelés et conditionnés en un rien de temps. Le respect de l'animal fait partie intégrante de la philosophie du sacrifice.

« Vraiment, Nous t'avons donné l'Abondance. Alors, élève l'action unifiante de grâce pour ton Enseigneur et sacrifie ! »

Coran 108:1-2

Une fois l'animal dépecé, il est accroché et couvert d'un linge propre, pour que la viande puisse reposer et sécher convenablement dans un endroit frais et aéré. Dans les pays chauds, il était parfois plongé dans un puits qui conservait la fraîcheur nécessaire à la bonne maturation de la viande. Les abats sont cuisinés en premier. Le foie tout d'abord, entouré de gras-double, est passé au barbecue et servi avec un thé à la menthe bien chaud. Puis les tripes sont généralement préparées pour le repas du midi ou du soir, accompagnées de salade et parfois de *chorba* (soupe à base de vermicelles) ou de *harira* (soupe à base de lentilles ou de pois chiches). Le lendemain, l'agneau est découpé. Les plus experts le font eux-mêmes, les autres l'apportent chez le boucher pour qu'il soit préparé selon les règles de l'art.

La fête de l'Aïd dure quatre jours : le jour du sacrifice plus les trois jours du *Tashriq*. Ainsi, si les conditions ne permettent pas de faire le sacrifice le jour même, les retardataires pourront le faire le lendemain. De nos jours, cela arrive fréquemment dans les pays occidentaux. La plupart des gens vivent dans des appartements et ne peuvent le faire eux-mêmes ; les sacrifices se font donc dans des abattoirs mobiles qui voient affluer un grand nombre de bêtes. Pour que l'animal puisse être compté comme animal sacrificiel, le sacrifice ne peut être accompli la veille, et peut seulement l'être après la prière de l'*Aïd*. S'il était sacrifié de manière précoce, ce ne serait alors qu'une viande comme une autre. Ce n'est donc pas seulement l'intention, mais également le juste moment qui rend valide le sacrifice.

De nos jours, la pression sociale est telle que nombre de personnes s'endettent pour offrir à leur famille ce moment de joie. Ce n'est malheureusement pas dans l'esprit de cette tradition, qui veut que le sacrifice soit fait uniquement par ceux qui sont dans l'aisance. Il n'est absolument pas demandé de se mettre dans la difficulté pour l'accomplir. Dans les pays musulmans ou à majorité musulmane, ce rite est extrêmement suivi, même par les familles qui ne sont pas ou sont peu pratiquantes. Les jours de congé offerts aux travailleurs vont de trois jours à parfois une semaine entière. Pendant ces congés, la vie s'arrête totalement. En Turquie par exemple, on assiste à un véritable exode vers les campagnes, qui vide les villes de leurs habitants. Presque tous les citadins retournent dans leurs villes ou villages natals. La plupart des magasins sont fermés et il devient même difficile de trouver une boulangerie ouverte !

En cette journée de l'Aïd, les familles sont réunies et reçoivent la visite de leurs proches, parfois le jour même, parfois le lendemain. Tout comme lors de la fête de l'Aïd al-Saghir, pour l'Aïd el-Kebir, chacun se présente sous ses plus beaux atours. Dans les pays du Maghreb, il était même de coutume jusque dans les années 1990 d'aller chez le photographe. On faisait une photo souvenir à chaque Aïd pour immortaliser ce moment où chacun rivalisait d'élégance. Les appareils photos classiques ont depuis été supplantés par les smartphones.

Partage, don de soi, conscience d'appartenir à une lignée immémorielle… la fête de l'Aïd nous permet de réunir ce qui est épars en nous, et de se remémorer l'origine commune de l'humanité en partageant avec la famille, les voisins et les pauvres. On communie avec la grande famille humaine.

L'épisode du sacrifice d'Abraham est célébré le jour de l'Aïd el-Kebir.

D'Adam à Muhammad

De Muhammad à Abraham, et d'Abraham à Adam, la Maison sacrée est le symbole de l'axe qui réunit l'humanité à son origine non humaine, céleste, divine.

La Kaaba adamique : « *Quand Adam eut été jeté sur la Terre et qu'il la vit ample et déserte, il dit : "Ô Seigneur, cette terre n'a-t-elle donc en dehors de moi aucun occupant pour célébrer Ta transcendance par Ta propre louange, et pour Te sanctifier ?" Allah le Très-Haut dit alors : "En vérité, j'y mettrai des êtres de ta descendance qui célèbreront Ma Transcendance par Ma propre Louange et qui Me sanctifieront. J'y établirai des demeures qui seront élevées pour Moi. Mes créatures y célèbreront Ma transcendance et y invoqueront Mon Nom. Parmi ces demeures, il est une Maison qui aura le privilège de Ma faveur. Je lui donnerai Mon Nom en héritage. Je lui ferai proclamer Mon immensité, J'établirai sur elle Ma Majesté. Je la rendrai inviolable et sûre. Son inviolabilité s'étendra à ce qui l'entoure, à ce qui est en dessous et au-dessus d'elle... Tu la visiteras, ô Adam, tant que tu seras vivant ; ensuite, elle sera visitée par les peuples et les prophètes de ta descendance, communauté après communauté et siècle après siècle."* »

Charles-André Gilis, *La Doctrine initiatique du pèlerinage*.

La Kaaba terrestre se situe en-dessous de la Kaaba céleste. Selon certaines traditions du *Bayt al-Ma'mur* (voir Coran 52:4), il est une image du Trône divin autour duquel tournoient les anges, « *et l'on voit les anges en leur ronde autour du Trône exalter par la louange la transcendance de leur Seigneur* » (Coran 39:75).

Dans un même tournoiement, les pèlerins accomplissent sept tours autour de la Maison Sacrée que l'on a vêtue de son nouveau voile noire, la kiswa. À chaque tour, ils se rapprochent davantage du Centre, afin que petit à petit se lève le mystère. C'est comme s'ils s'élevaient vers un Ciel supérieur, jusqu'à atteindre au septième tour le septième Ciel, être élevés vers les confins de l'Univers.

Ils entrent finalement dans la Présence immobile, immuable, emplie de Paix et de Béatitude. Pour la ronde des pèlerins, le Trône divin est à l'image du centre du cercle, point à partir duquel se manifestent tous les rayons de l'Existence et en baisant la Pierre noire, c'est le Paradis même qui est touché des lèvres du croyant, car « *la pierre noire descendit du paradis alors qu'elle était d'une blancheur plus intense que celle du lait ; ce sont les péchés des fils d'Adam qui, ensuite, la rendirent noire* sawwadat-hu. »

Charles-André Gilis, *La Doctrine initiatique du pèlerinage*.

La Kaaba abrahamique et muhammadienne

« Et [rappelle-leur] quand Nous établîmes, pour Abraham l'emplacement du Temple, [lui disant] : « Ne m'associe rien ! Purifie Mon Temple pour ceux qui accomplissent la circumambulation, [pour] ceux qui [prient] debout et [pour] ceux qui s'inclinent, prosternés ! »
Coran 22:26.

« La fondation de la "Maison" originelle "dont la lumière", dit-il, "illumine ce bas monde", un édifice à coupole (qubba) fait d'une hyacinthe rouge et dotée de quatre portes : "la porte d'Adam, la porte d'Abraham, la porte d'Ismaël et la porte de notre Prophète Muhammad — sur lui la Grâce unitive et la Paix divines !" Cette description est particulièrement significative : la coupole est, en effet, dans l'ordre architectural, le symbole céleste par excellence ; d'autre part les quatre prophètes cités sont précisément ceux qui interviennent lors des réadaptations successives du culte lié à la Kaaba. »
Charles-André Gilis, *La Doctrine initiatique du pèlerinage.*

Le Prophète Muhammad joua un rôle central lors de l'épisode de la reconstruction du sanctuaire par les Quraysh. Il ne restait alors que la pierre noire à enchâsser à la place qui lui était réservée. Comme chaque tribu souhaitait avoir le privilège de cet acte, pour éviter toute jalousie, il fut décidé que la première personne qui entrerait déposerait la pierre à sa place. C'est le futur Prophète qui passa la porte à ce moment, emplissant de joie le cœur des gens car il était connu pour sa sincérité et sa droiture. La foule s'écria : « *C'est Al-Amin !* » Avant sa mission, les Mecquois lui avaient donné ce surnom qui signifie « le digne de confiance ». Ce fût comme un signe du Ciel que tous acceptèrent volontiers.

L'*Ifada*, ou le déferlement de l'Amour divin

Les bénédictions particulières à ces rites sont vécues dans l'intime du cœur pour les croyants du monde, mais pour tous ceux qui en ces jours sont réunis à La Mecque et ses alentours, c'est une expérience encore plus prégnante, encore plus visible, qu'ils peuvent vivre dans leur corps et avec tous leurs sens. Tous les pèlerins sans exception reviennent vers La Mecque pour l'*Ifada*. « *Il ne nous paraît pas possible de rendre de manière satisfaisante, en français, au moyen d'un seul terme, le sens de l'arabe* ifada. *L'image qu'il évoque est celle d'un fleuve jaillissant et se répandant brusquement de l'océan des Eaux célestes, qui, en quelque sorte, "débordent" en lui et épanchent, en les diversifiant, toute la surabondance de ses effluves bénéfiques. Sur le plan rituel, l'*Ifada désigne la *"descente" des pèlerins, depuis Arafat jusqu'à la Kaaba de La Mecque* » (Charles-André Gilis, *La Doctrine initiatique du pèlerinage*).

La désacralisation ou le retour vers le monde

Peu à peu, le pèlerin revient à la vie normale. Il pourra se désacraliser en se coupant les cheveux, soit totalement, en signe d'abandon de toutes les attaches à ce bas monde, soit partiellement, en se coupant une mèche symbolique. S'il ne peut effectuer ce geste même partiel, il devra compenser par un acte expiatoire.

Une fois accomplis tous les rites – lapidation des stèles représentant Satan, circumambulations autour de la Kaaba, allers-retours entre Safa et Marwa, prière au Maqam Ibrahim, prise d'eau pour étancher sa soif et purification au puits sacré de Zam-Zam –, le pèlerin quitte les deux vêtements blancs non cousus avec lesquels il a fait son Hajj, et revient à la vie de tous les jours. Il peut alors à nouveau s'approcher de son épouse, ou l'épouse se rapprocher de son mari, il peut se couper les ongles, et nul grief pour lui si par inadvertance il posait le pied sur un insecte...

Malgré la fatigue et en dépit du fait que cela ne fait aucunement partie des rites du pèlerinage, la plupart des pèlerins se dirigent vers Médine. Ils sont comme mus par un sentiment mêlant amour, révérence et conscience d'une proximité mystérieuse à Celui qui est leur exemple dans leur vie spirituelle comme dans leurs actions les plus infimes.

« Nul ne me salue sans qu'Allah me rende mon âme afin que je Lui retourne la salutation. »
Hadith rapporté par Tirmidhi.

« Certes, vous avez dans le Messager d'Allah un modèle excellent pour qui met son espoir en Allah et dans le Jour ultime, et qui [se] rappelle Allah abondamment. »
Coran 33:21.

La dernière étape de leur long voyage sera la visite du Dôme Vert sous lequel repose leur Bien-Aimé, et le Bien-Aimé d'Allah – sur lui la Grâce et la Paix.

Ancienne gravure de Médine.

La Visite d'Al-Madinah al-Munawwarah

Les croyantes et les croyants se rendent à Médine par *adab* (par bienséance, par suprême politesse). Chacun se sentirait indigne d'appartenir à la communauté du Prophète Muhammad s'il n'allait pas vivre quelques jours auprès de Celui qui leur a transmis la plus belle manière d'être au service de la Présence divine.

Aimer Dieu, c'est suivre Son Envoyé ; suivre, c'est emboîter le pas. Il faut donc visiter sa ville pour sentir son parfum. La visite de la ville et du mausolée est empreinte de douceur et d'amour. Ce sentiment est partagé par toutes celles et tous ceux qui ont eu le bonheur d'y séjourner quelques jours.

« Dis : "Si vous aimez Dieu, suivez-moi, Dieu vous aimera et vous pardonnera vos péchés. Dieu est pardonneur, clément." »

Coran 3:31.

Je me souviens que, lors de mon voyage pour le pèlerinage, c'était en 2005, après avoir accompli tous les rites, nous nous dirigeâmes vers Médine. Une fois arrivés dans la ville bénie de l'Envoyé de Dieu, nous fîmes une ou deux visites au lieu où repose son corps, sous le dôme vert de la mosquée qui fut autrefois sa Maison, où des millions de pèlerins se ressourcent chaque année. Nous partîmes dans les faubourgs de la ville en quête de quelques parfums de qualité à acheter pour nous-mêmes et pour quelques amis. Dans un magasin, nous nous procurâmes quelques flacons de rose, d'oud et de jasmin, et le vendeur, d'un naturel agréable comme la plupart des gens de Médine (au contraire des gens de La Mecque, connus pour être rudes comme leurs montagnes rocailleuses), nous parla comme s'il voulait nous murmurer un secret : « *Lorsque vous marcherez dans les environs de la mosquée, gardez à l'esprit que le Prophète a certainement posé ses nobles pieds à l'endroit où vous-mêmes êtes en train de poser vos pas.* »

Cet épisode résonna en nous pour tout le reste de notre séjour. Tout cela pour dire que c'est avec le sentiment de visiter un homme encore présent, encore vivant, que chaque musulman arrive à Médine. C'est d'ailleurs une parole adressée aux vivants qui accompagne la vision première du dôme béni sous lequel repose son noble corps, entouré de ses deux nobles compagnons, Abou Bakr et `Umar.

« As-Salam alayk Ya Rasul Allah ! La Paix soit sur toi, Ô Envoyé d'Allah ! Le Prophète a dit : "Nul ne me salue sans qu'Allah me rende mon âme afin que je Lui retourne la salutation." »
Hadith rapporté par Tirmidhi.

La certitude de la présence du Prophète est très forte. Les uns passent des heures à l'extérieur, à méditer assis sur l'esplanade en contemplant le Dôme Vert, symbole de son âme lumineuse et porteuse de sérénité. D'autres, à l'intérieur de la mosquée, face à la grille dorée qui protège son cénotaphe, déclament des poèmes et des chants de louanges. D'autres encore fondent en larmes, chacun pour une raison unique qu'il est seul à partager avec le Bien-Aimé.

De La Mecque (*Makkah*) à Médine (*Madinah*), le croyant fait à nouveau le chemin que fit le Prophète en quittant la ville qu'Il aimait pour se rendre dans celle que Dieu a aimée pour Lui. Mais à la différence du Prophète parti sous la contrainte des événements, les croyants se rendent à Médine de plein gré et dans la joie. Ces deux villes sont devenues le centre d'intérêt des musulmans. Ils y accomplissent de siècle en siècle la visite de la Maison d'Allah et celle de Son Envoyé. Comme la fin de l'année rejoint le début de l'année à venir, l'Hégire a donné place à la victoire du Soleil de la Connaissance sur les ténèbres de l'ignorance.

> *« La Vérité est venue et l'illusoire a disparu. Vraiment, l'illusoire doit disparaître ! »*
> Coran 17:81.

La lumière qui habite l'âme du Prophète a fini par conquérir le cœur des Mecquois et de millions d'hommes et de femmes qui dans toutes les régions du monde se réclament de son enseignement. Une fois l'an, tous se retrouvent sur ses traces et sur celles du patriarche Abraham pour réactualiser la quête qui habite toute l'humanité. Car l'humanité est toujours à la recherche de son origine — origine non-humaine et divine pour certains, et question toujours sans réponse pour d'autres…

FOI

DÉMULTIPLICATION DE LA VALEUR DES PRIÈRES

Sur les lieux bénis, la valeur de la prière est multipliée. Chaque prière à La Mecque équivaut à 100 000 prières, celles accomplies à Médine à 1 000 prières, et celles faites à Jérusalem à 500 prières.

> *« Une prière dans ma mosquée est plus méritoire de mille fois qu'une prière dans tout autre mosquée hormis la Mosquée sacrée. Et une prière dans la Mosquée sacrée est plus méritoire de cent mille fois qu'une prière dans toute autre mosquée. »*
> *Hadith* rapporté par Ahmad.

Beauté et Majesté

Lieu par excellence de la transcendance, la ville de La Mecque symbolise la Majesté divine, avec ses montagnes noires et escarpées, et tous ses lieux chargés de l'histoire des Prophètes. Des lieux chargés de la détresse d'Agar cherchant de l'eau pour son fils Ismaël, de la foi d'Abraham priant pour que Dieu assiste les futurs habitants de cette région austère. « *Notre Seigneur ! J'ai établi une partie de mes descendants dans une vallée stérile, auprès de ta Maison sacrée — Ô notre Seigneur ! — afin qu'ils s'acquittent de la prière. Fais en sorte que les cœurs de certains hommes s'inclinent vers eux ; accorde-leur des fruits, en nourriture. Peut-être, alors, seront-ils reconnaissants* » (Coran 14:37). Fatigué, en pur et humble serviteur, le pèlerin quitte *Makkah al-Mukarramah* (la très-honorée ville de La Mecque).

Quant à la ville de Médine, ornée de son Dôme Vert qui brille telle une émeraude tombée du ciel, dont chaque éclat scintille dans les cœurs des fidèles, elle symbolise la beauté divine. Elle rappelle à tous l'accueil plein d'amour des Médinois, les Ansars. L'établissement et le rayonnement de toute la civilisation musulmane a pris son envol depuis cette ville où la douceur de vivre, entre palmeraies et poésie de la vie nomade, engrangea des œuvres d'art parmi les plus belles de toute l'histoire de l'humanité. En foulant la terre bénie de Médine, le croyant est fier d'être le frère et disciple de Celui qui, homme parmi les hommes, roi parmi les rois, fut envoyé comme une Miséricorde universelle, et dont la religion tout comme la salutation est constituée par les lettres du mot Salâm...

« Ô Mon Dieu, répands Tes
bénédictions et Ta Paix sur notre
Prophète Muhammad, sur lui la paix.
Une prière perpétuelle et qui s'offre à lui,
tant que les nuits s'écoulent
et en toute l'Éternité... »

« Allah et Ses Anges prient sur le Prophète. Ô vous qui croyez ! Priez sur le Prophète et appelez sur lui le salut ! »
Coran 33:56.

LES PRINCIPALES DATES DE COMMÉMORATIONS DE L'ANNÉE MUSULMANE

Le 1er Muharram : début de l'année, l'Hégire

Le 10 Muharram : jour de Ashûrâ

Le 12 Rabi' al-Awwal : naissance du Prophète, Mawlid

Le 27 Rajab : le Voyage nocturne et l'Ascension du Prophète

Le 15 Sha'bân : la nuit de la Mi-Sha'bân ou Laylat al-Bara 'a

Fin de Sha'bân 29 ou 30 : Nuit du Doute

Le 1er Ramadan : début du mois de jeûne

Du 20 au 29/30 Ramadan : période de l'Î'tikâf, la retraite spirituelle

Le 27 Ramadan : la Nuit du Destin

1er Shawwâl : jour de l'Aïd al-Fitr, fête de la rupture du jeûne

Du 1er au 29/30 Shawwâl : les 6 jours de jeûne de Shawwâl

9 Dhu al Hijja : jour de Arafah

10 Dhu al Hijja : jour de l'Aïd al-Adhâ, fête du Sacrifice

Du 10 au 14 Dhu al-Hijja : jours de l'Illumination

Bibliographie

- **A**BBAS Ibn, *Le Voyage et l'Ascension nocturnes du Prophète Muhammad*, Éditions Albouraq, 1999.
- ABD AL-HALIM Mahmud, *Le Voyage nocturne*, Maison d'Ennour, 2010.
- ABD EL-KADER, *Écrits spirituels*, collection « Points », Éditions du Seuil, 1994.
- ADNAN KABBANI, *Al-Futuhat al-Haqqaniyyah*, 1996.
- AL-BAYHAQI, *Les Mérites des jours et des mois. Comment profiter pleinement des jours et mois en islam ?*, La Ruche, 2007.
- AL-GHAZALI Abou Hamed, *Les Secrets du jeûne*, Éditions Albouraq, 2001.
- AL-GHAZALI Abou Hamed, *Les Secrets du Pèlerinage en islam*, Éditions Albouraq, 2001.
- AL-JAZOULI (imam), *Dala'il al-Khayrat*, Islamic Supreme Council of America, 2011.
- AL-HAQQI Ismaël, *Ruh al-Bayyan*, Boulaq, 1859.
- AL-JILANI Abd al-Qadir, *Le Mois de Ramadan*, Éditions Albouraq, 2022.
- AL-JILANI Abd al-Qadir, *Al-Ghunya*, Éditions Albouraq, 2023.
- AL-JILANI Abd al-Qadir, *Le Mois de Dhul al-Hijjah*, Éditions Albouraq, 2023.
- Al-TIRMIDHI Al-Hakim, *Les Sept Degrés spirituels*, Éditions IQRA, 2000.
- COLLECTIF, *Le Livre de l'échelle de Mahomet*, Le Livre de Poche, 1991.
- AN-NAWAWI, *RIYÂD AS-SÂLIHÎN, traduit par Corentin Pabiot, Maison d'Ennour, 2018.*

Toutes les traductions de Riyâd as-Sâlihîn dans cette ouvrage sont empruntées à cette édition.

- ARABI Ibn, *Textes sur le jeûne*, Maison des Livres, Alger, 1989.
- ARABI Ibn (traduction de Michel Valsan), *La Parure des Abdal*, Éditions de l'Œuvre, 2018.
- ATTAR Farid-al-Din, *Le Mémorial des saints*, collection « Points », Éditions du Seuil, 2014 (1863).
- **B**ATTUTA Ibn, *Voyages. Tome 1. De l'Afrique du Nord à La Mecque*, Éditions La Découverte, 1997.
- BENCHEIKH Jamel-Eddine, *Le Voyage nocturne de Mahomet*, Imprimerie nationale Éditions, 2002.
- BRAHMANI Mostafa, *Hadj et 'Umra, guide pratique*, Édition Tawhid, 2004.
- **C**HODKIEWICZ Michel, *Le Sceau des Saints. Prophétie et sainteté dans la doctrine d'Ibn Arabi*, éditions Gallimard, collection « Tel » n° 394, 2012 (1986).

- CHODKIEWICZ Michel, « Le paradoxe de la Kaaba », *Revue de l'histoire des religions*, 2005, tome 222(4).
- CHOUIREF Tayeb, *Citations Coraniques expliquées*, Eyrolles, 2015.
- **D**INET Étienne et BEN IBRAHIM Slimane, *La Vie de Mohammed, prophète d'Allagh*, Héritage Éditions, 2021 (1918).
- DINET Étienne et BEN IBRAHIM Slimane, *Le Pèlerinage à la Maison sacrée d'Allah*, Héritage Éditions, 2023.
- **G**EOFFROY Éric, *Le Soufisme en Égypte et en Syrie. Sous les derniers mamelouks et les premiers Ottomans. Orientations spirituelles et enjeux culturels*, Presses de l'Ifpo, 2012 (1995).
- GEOFFROY Éric, *Un éblouissement sans fin. La poésie dans le soufisme*, Éditions du Seuil, 2024.
- GILIS Charles-André, *La Doctrine initiatique du pèlerinage*, Éditions Al-Bustane, 2000.
- GUÉNON René, *Les États multiples de l'Être*, Véga Éditions, 2009 (1932).
- GUÉNON René, *Symboles de la Science sacrée*, Éditions Gallimard, 1977 (1962).
- GUÉNON René, *Aperçus sur l'initiation*, Dervy-Livres, 2021.
- **H**AMIDULLAH Muhammad, *La Première Constitution écrite au monde. Un document fondamental* de *l'époque du Prophète*, Héritage Éditions, 2023.
- **I**BN Al-ARABI, *Le Livre de l'Ascension*, Éditions Albouraq, 2021.
- IBN AL-QAYYIM, *Zad al-Ma'ad*, Al-Bayyinah, 2021.
- IBN HANBAL-Ahmad, *Mousnad*.
- **K**ERN Linda L., « Companions of the Prophet », *Encyclopædia of the Qur'an*.
- « **L**e jeûne dans les religions », *La Croix*, 8 février 2005.
- « Les jeûnes », Consistoire de Paris Île-de-France.
- *Les Quarante Hadiths Nawawi*, Éditions Dar al-Koran al-Kareem, 1980.
- LINGS Martin, *Le Prophète Muhammad. Sa vie d'après les sources les plus anciennes*, Éditions du Seuil, 2002.
- LORY Pierre, *La Dignité de l'homme face aux anges, aux animaux et aux djinns*, Éditions Albin Michel, 2018.
- PALACIOS Miguel, *Eschatologie musulmane dans la* Divine Comédie, Éditions de la Tarente, 1992.
- **R**ODINSON Maxime, « Dante et l'islam », *Revue de l'histoire des religions*, 1951, n° 140-2, pp. 203-236.
- **S**ERJEANT R. B., « The Constitution of Medina » ; *The Islamic Quaterly*, VIII, 1964, 3-16.
- SUHRAWARDI, *Le Soufisme à la lumière du Coran et de la Sunna*, 4 Sources, 2016.
- SUYUTI, *De la célébration de l'anniversaire du prophète*, Éditions i, 2023.

HADITHS

Tous les hadiths tirés de Riyâd As-Sâlihîn sont extraits de l'édition de Maison d'Ennour, traduction Corentin Pabiot.

Page 20 : Riyâd As-Sâlihîn, An-Nawawî, Maison d'Ennour, n° 171 ; **Page 31 :** Riyâd As-Sâlihîn, An-Nawawî, Maison d'Ennour, n° 45 ; **Page 82 :** Riyâd As-Sâlihîn, An-Nawawî, Maison d'Ennour, hadith n°1255 et n° 1256 ; **Page 85 :** Sharh Bulugh al-Maram, n° 1533 ; **Page 92 :** Riyâd As-Sâlihîn, n° 1258 et Riyâd As-Sâlihîn, n°1258 ; **Page 93 :** Riyâd As-Sâlihîn, n° 1260 ; **Page 142 haut :** Boukhari, n° 7494 ; **Page 142 bas :** Riyâd As-Sâlihîn, n° 1223 ; **Page 146 :** Riyâd As-Sâlihîn, n° 1233 ; **Page 148 :** Riyâd As-Sâlihîn, n° 1188 ; **Page 150 :** Riyâd As-Sâlihîn, n° 1229 ; **Page 151 :** Riyâd As-Sâlihîn, n° 1270 (colonne de gauche) et n° 1269 (encadré) ; **Page 157 :** Riyâd As-Sâlihîn, n° 1225 ; **Page 169 :** Riyâd As-Sâlihîn, n° 1254 ;

Page 191 : Riyâd As-Sâlihîn, n° 1254

LES CITATIONS DES VERSETS DU CORAN SONT ISSUES DES TRADUCTIONS DE :

Jacques Berque, éd. Albin Michel, 2002

Régis Blachère, éd. Maisonneuve & Larose, nouv. éd. 2005

Cheikh Boubakeur Hamza, éd. Albouraq, 1972, 1985, 1995

André Du Ryer, 1647

Max Giraud

Maurice Gloton, éd. Albouraq, 2014

Amine Hamidoune

Muhammad Hamidullah (trad. révisée), Bachari éditions, 2020

Albert Kasimirsky, éd. J'ai lu, 2023

Denise Masson, Jean Grosjean, éd. Folio, 1980

Jean-Louis Michon, lenoblecoran.fr, 2014

Abdallah Penot, éd. Sana, 2020

Notes

1 Ce mot signifie le temps de l'ignorance par opposition au temps de la révélation qui sortit les âmes du paganisme et de l'injustice.

2 Un « bel éloignement », en arabe *hajran jamilan*, signifie « de belle manière », « dans la douceur », « sans avoir recours à la force ».

3 Tribu aristocratique qui détenait le pouvoir à La Mecque et dont le Prophète était issu, mais qui étant divisée en plusieurs clans, celui auquel il appartenait étant respecté mais faible financièrement à cette époque-là.

4 *« Ô vous les croyants ! Soyez les auxiliaires de Dieu, comme au temps où Jésus, fils de Marie, dit aux apôtres : "Qui seront mes auxiliaires dans la voie de Dieu ?" Les Apôtres dirent : "Nous sommes les auxiliaires de Dieu !" »* Coran 61:14.

5 Ancien nom de la ville de Médine.

6 Ce surnom lui fut donné à la suite de l'Ascension nocturne. On peut le traduire par « Le Véridique ».

7 Le mot « calife » provient de l'arabe *khalife*, qui signifie « successeur », sous-entendu : successeur du Prophète.

8 Oumm al-Qura (Coran 6:92) est un des nombreux noms donnés à La Mecque, qui met en avant son caractère de ville plurimillénaire.

9 Voir l'introduction sur la légitimité des commémorations.

10 Attribuée à Abd al-Salam Ibn Mashish (1163-1228), saint soufi marocain.

11 Les adultes également le chantent ; on en trouve d'ailleurs une version moderne en arabe et en anglais interprétée par Cat Stevens, qui prit le nom de Yusuf Islam après être entré en islam.

12 R.B. Serjeant, *Constitution of Medina.*

13 Muhammad Hamidullah, *La Première Constitution écrite au monde. Un document fondamental de l'époque du Prophète.*

14 Les Auxiliaires, ce sont ceux qui, originaires de Médine, accueillirent le Prophète et jurèrent de le protéger.

15 Les *Mujahirin*, mot issu de la racine *Hijra* qui donna « Hégire », sont ceux qui le précédèrent ou le suivirent à Médine.

16 Nous mettons ce terme entre guillemets, car l'islam se veut être un retour à la religion primordiale et non une nouvelle religion. C'est ainsi qu'elle était considérée par les polythéistes mecquois.

17 Biographie du Prophète, dont il existe de très nombreux textes, et dont le plus ancien serait celui d'Ibn Ishaq.

18 Année de naissance du Prophète.

19 Année de la mort de son épouse Khadija et de son protecteur Abu Talib.

20 Les disciples de la voie soufie Naqshbandi considèrent que c'est à ce moment qu'eut lieu l'institution des paroles du pacte initiatique, « Allahou Allahou Allahou Haqq », et la transmission du secret initiatique à Abou Bakr As-Siddiq.

21 C'est pour cette raison que nombre de musulmans répugnent à tuer les araignées (sauf en cas de danger), mais les font sortir délicatement de leurs demeures.

22 Tala' al-Badru 'Alayna, voir p. 34.

23 Terme faisant référence à sa descendance charnelle. Le mot arabe est *Ahl al-Bayt*, que l'on peut traduire par « les gens de la Maison ».

24 En Iran, chez une partie de la population de l'Irak, du Liban, de la Syrie, du Pakistan et de l'Inde.

25 Le jeûne n'étant pas un acte mais une absence d'acte : ne pas manger, ne pas médire, etc.

26 Mais ce n'est pas le cas partout, d'autres choisissant le mois de Ramadan comme référence de calcul de l'année, la *zakat* étant payée une fois par année lunaire écoulée.

27 Note intéressante de la traduction de Maurice Gloton : « al-islam » concerne l'islam pérenne et universel qui désigne le fait d'assurer sa sauvegarde selon la norme initialement mise en chaque être par Dieu pour qu'il se livre à Lui, quelle que soit son appartenance religieuse légitime.

28 *Ibn al-Sabil* : terme coranique se rapportant aux voyageurs, aux itinérants.

29 Le mot *zakat* comprend à la fois le sens de « purification » et d'« augmentation ».

30 Juriste et compilateur de *hadiths*, il a écrit plus d'une vingtaine d'ouvrages dont certains comptent jusqu'à 10 volumes. Il est né en 994/384h et mort en 1066/458H.

31 Les sunnites représentent aujourd'hui la très grande majorité (environ 90 %) des musulmans du monde.

32 *Asure*, dérive de l'arabe *Ashura*.

33 Le déluge est également relaté dans le Coran à plusieurs reprises (par exemple, 11:36-44 ou 29:25). Voir aussi Sevim Gokyıldız, "Cuisine turque : le traditionnel asure", Lepetitjournal.com, 8 août 2022.

34 Cette traduction ancienne (1647) peu fidèle au texte arabe rend néanmoins bien le sens de notre propos.

35 Né en 619 et mort en 687, il est considéré comme un des premiers commentateurs du Coran.

36 Ibn al-Qayyim, *Zad al-Ma'ad*, tome 1, p. 398.

37 Nous avons mentionné plus haut le verset coranique à l'origine de cette pratique (Coran 33:56).

38 « *Allahumma salli l'ala Muhammad wa ala ali Muhammad, kama sallayta 'ala Ibrahim wa 'ala 'li Ibrahim, innaka hamidun Majid. Allahumma barik 'ala Muhammad wa 'ala 'li Muhammad, kama barakta 'ala Ibrahim wa 'ala ali Ibrahim, innaka hamidun Majid.* » « Ô Allah ! Couvre d'éloges et honore Muhammad ainsi que la famille de Muhammad tout comme Tu as couvert d'éloges et honoré Abraham et la famille d'Abraham. Tu es certes Celui qui mérite toutes les louanges et les glorifications. Ô Allah ! Bénis Muhammad ainsi que la famille de Muhammad tout comme Tu as béni Abraham et la famille d'Abraham. Tu es certes Celui qui mérite toutes les louanges et les glorifications. »

39 Dans cette formule, la famille de Muhammad inclut à la fois la famille spirituelle et la famille de lignée.

40 https://fr.muztext.com/lyrics/sami-yusuf-supplication

41 Un des plus connus et des plus récités est sans doute : *Dala'il al-Khayrat* de l'imam al-Jazouli.

42 Influence bénéfique, influx spirituel.

43 Notamment, l'imam et grand juriste al-Suyuti.

44 Pour plus d'information, consultez : https://www.lescahiersdelislam.fr/Rencontre-avec-l-historien-Daoud-Riffi-sur-le-wahhabisme_a1633.amp.html

45 An-Nawawi, *Les Jardins des Vertueux, hadith* n° 171.

46 Le mot *Mawlid* signifie « naissance », *an-Nabawwi* « prophétique » et *al-Sharif* « noble ». La phrase signifie donc : « La noble naissance du Prophète ».

47 Allusion à un *hadith* dans lequel le Prophète dit : « ... Et la fraîcheur de mes yeux se trouve dans la *Salat*. »

48 Certains disent 5, d'autres 25, 50, certains 88, d'autres encore en dénombrent jusqu'à 201 ; voir *Dala'il al-Khayrat*, de l'imam al-Jazouli.

49 La liste de tous les ascendants est disponible sur Internet.

50 C'est en vertu de cette ascendance que juifs et musulmans sont considérés cousins de sang.

51 Hagar est considérée comme une princesse du royaume de Manaf et non une simple servante comme dans la Bible.

52 De nombreux ouvrages ont été écrits sur les détails de son ascendance et de tout son entourage familial.

53 On peut facilement retrouver par exemple la généalogie de souverains jordaniens ou marocains, et nombre de familles conservent leur propre arbre généalogique prouvant leur lien à l'arbre prophétique.

54 En islam, il est considéré que c'est Ismaël qui était sur le point d'être sacrifié par Abraham et non Isaac comme dans le judaïsme.

55 Pâtes en forme de gros grains de couscous aussi appelés *aïch*, plat spécifique donnant de la force et du lait à la jeune mère.

56 Descendants du Prophète.

57 Pour la Qadirriyah-Boutshishiyya à Madagh, au Maroc ou les Naqshabandis-Haqqani à Lefke, à Chypre par exemple.

58 Comme la Shadhiliyya-Hibriyya à Oran, en Algérie.

59 Il est aussi appelé Maouloud, Mouloud, Mouled ou Mevlid selon les pays.

60 C'est traditionnellement le septième jour que le nom est donné à l'enfant en islam comme dans le judaïsme.

61 En référence à Coran 2:31 où Dieu apprend à Adam le nom de toutes choses.

62 Cette racine est très connue, car c'est par elle que débutent le Coran et la *Fatiha* : « *Alhamdoulillah...* », « À Allah la Louange... ».

63 Rapporté par Jubayr, Boukhari, Muslim et Tirmidhi.

64 La liste la plus complète peut être consultée dans l'ouvrage *Dala'il al-Khayrat* de l'Imam al-Jazouli, dont il existe plusieurs traductions en français.

65 Nous avons proposé la version la plus simple, car il existe de nombreuses variantes bien plus longues.

66 Elle est interprétée par les plus grands noms, d'Oum Kalthoum à Cat Stevens en passant par Sami Yusuf, traduite en toutes les langues vernaculaires du monde musulman, et aujourd'hui en français, anglais, espagnol, etc.

67 Nom du Prophète David en arabe.

68 Le mot *Urs* signifie « mariage » mais est employé pour parler du retour vers Dieu, de la rencontre avec Allah.

69 Grand maître soufi à l'origine de la confrérie des derviches tourneurs, il est né à Balkh en 1207, et mort à Konya en 1273.

70 Abu Huraira est un compagnon du Prophète à qui l'on doit la transmission d'un grand nombre de ses paroles. Il fut aussi un de ses proches disciples que l'on appelle *Ahl as-Sufa*, « gens du banc » car ils restaient en permanence dans une partie de sa mosquée où se situait une banquette.

71 Certains auteurs considèrent que les divinités de la mythologie sont l'équivalent des noms divins, qui reflètent des aspects de la divinité, dont la compréhension se serait progressivement perdue jusqu'à l'émergence d'un polythéisme.

72 Al-Makruh, une catégorie juridique qui englobe ce qui n'est pas formellement interdit, *haram*, mais peu souhaitable.

73 Adnan Kaddani, *Al-Futuhat al-Haqqaniyyah*.

74 Voir à ce sujet Abd al-Qadir Al-Jilani, *Al-Ghunyah*.

75 Selon le conseil aux disciples de la voie Naqshbandi, mais c'est là une pratique courante parmi les musulmans de manière générale, sans qu'ils soient nécessairement affiliés à une voie soufie.

76 L'équivalent de Pégase, animal fantastique de la mythologie grecque. Il rappelle en outre les chevaux ailés de Tarquinia des Étrusques.

77 Littéralement « la Maison sainte ».

78 Sur ce sujet, voir *Les États multiples de l'Être*, René Guénon, chapitre 1, « L'infini et la possibilité ».

79 Voir Attar, *Le Mémorial des saints*, ou Éric Geoffroy, *Le Soufisme en Égypte et en Syrie*, chapitre XVIII.

80 À Jérusalem, dans la partie inférieure de la mosquée al-Aqsa. L'anneau se trouve de nos jours dans la partie appelée Masjid al-Bouraq, la mosquée al-Bouraq.

81 Plusieurs études ont été effectuées à ce sujet, comme « Dante et l'islam », de Maxime Rodinson (dans la revue *Histoire des religions*), ou *Eschatologie musulmane dans la Divine Comédie*, de Miguel Palacios.

82 Jean.

83 Jésus.

84 Joseph.

85 Énoch.

86 Aaron.

87 Moïse.

88 Abraham.

89 *Al-Bayt al-Ma'mur*.

90 *Sidrat al-Muntaha*.

91 Voir Les Sept Degrés Spirituels, d'Al-Hakim al-Tirmidhi.

92 De nombreux ouvrages et articles ont été écrits sur le sujet, comme *Le Livre de l'Ascension* d'Ibn al-Arabi, ou *Le Livre de l'échelle de Mahomet*.

93 *Le Voyage nocturne de Mahomet* de Jamel-Eddine Bencheikh et *Le Voyage et l'Ascension nocturnes du Prophète Muhammad* d'Ibn Abbas.

94 Ne pas confondre la Khalwa, qui est une retraite accomplie sous la direction d'un maître spirituel, et *Al-I'tikaf*, dont nous parlerons plus loin, qui s'accomplit uniquement durant le mois de Ramadan.

95 Sur cette notion, voir *Le Sceau des Saints* de Michel Chodkiewicz.

96 Elle dure 40 jours dans certaines voies, mais pour d'autres, c'est le maître qui décide du nombre de jours nécessaires à la transformation du disciple.

97 *Voyages* d'Ibn Battuta, p. 159.

98 Poème original-en langue albanaise, chanté et traduit par Enris Qinami.

99 Il est intéressant aussi de noter la similitude entre le nom Jibril et *Al-Jabr*, « l'algèbre » en arabe, tous deux étant issus de la même racine. Pour plus de détails, voir *La Dignité de l'homme face aux anges, aux animaux et aux djinns*, de Pierre Lory.

100 Cette qualité divine fait référence au verset 5 de la sourate Al-Fatiha (1).

101 Abd al-Qadir al-Jilani, *Le Mois de Ramadan*, p. 23.

102 S'abstenait de tout commerce charnel.

103 Dans le *hadith* Qudsi, Dieu parle par la bouche du Prophète. Son statut est intermédiaire entre le *hadith* et le Coran.

104 « Les Secrets du jeûne » d'Al-Ghazali *in Citations Coraniques expliquées* de Tayeb Chouiref.

105 *Jihad an-Nafs* ou combat contre l'ego ou l'âme inférieure, une notion centrale dans les voies soufies.

106 Le mot *Tarawwih* vient d'une racine RWH qui signifie « se reposer ». Un repos de l'âme est recherché par la prière et la méditation simultanée du Coran.

107 Al-Bayhaqi, *Les Mérites des jours et des mois*, p. 78.

108 Ibn Hanbal, Mousnad , cité par Abd al-Qadir Al-Jilani, *Le Mois de Ramadan*, p. 50.

109 Abd al-Qadir Al-Jilani, *Le Mois de Ramadan*, p. 39.

110 Le croissant lunaire.

111 « De la coutume qu'observent les Mecquois dans le mois de Shawwal », *in Voyages* d'Ibn Battuta, p. 161.

112 Abd al-Qadir Al-Jilani, *Le Mois de Ramadan*, p. 86.

113 « La vie durant » est parfois traduit « tout le temps », ce qui est plus proche la traduction littérale du mot arabe *al-dahr*.

114 Nous entendons par là ce que René Guénon nomme « la réalisation des petits mystères » dans *Aperçus sur l'initiation*, chapitre 39.

115 Nous entendons par là ce que René Guénon nomme « la réalisation des grands mystères ».

116 Coupole ou dôme.

117 Le monde créé : le cosmos, les Cieux, la Terre et ce qu'il y a entre-deux.

118 Le monde intermédiaire : celui des âmes, des anges et des djinns.

119 Le monde de la toute-puissance divine.

120 Le monde de l'inaccessibilité.

121 Voir l'article « Les mystères de la lettre nûn » de René Guénon.

122 *Hadj et 'Umra*, guide pratique de Mostafa Brahami, ou pour les aspects intérieurs *Les Secrets du Pèlerinage en islam*, d'al-Ghazali, Al-Bouraq.

123 *La Doctrine initiatique du pèlerinage* de Charles-André Gilis.

124 *Ibid.*, p. 216.

125 https://thepilgrim.co/fr/farewell-sermon-of-prophet-muhammad-pbuh126 Il existe dans l'école hanafite une petite différence du nombre de *Takbirs*.

126 Charles-André Gilis, *La Doctrine initiatique du pèlerinage*, p. 269.

Crédits iconographiques

Les illustrations des ouvertures de chapitres ont été réalisées par Clémence Trossevin.

2 : istock/Khaled Ladjimi ; **11 :** © Musées d'Angers, P. David ; **16 :** Getty images/Universal Images Group ; **19 :** Clémence Trossevin ; **26 :** Getty images/De Agostini/G. Dagli Orti/Contributeur (collection De Agostini) ; **27 :** Getty images/DEA PICTURE LIBRARY/Contributeur (collection De Agostini) ; **28 :** Getty images/Universal History Archive/Contributeur ; **31 :** istock ; **32 :** Getty images/ozgurdonmaz ; **35 :** istock/Mongkolchon Akesin ; **36 :** istock/Gogosvm ; **44 :** Getty image/maroot sudchinda ; **48 :** istock/Esin Deniz ; **53 :** Getty images/Jasmin Merdan ; **55 :** istock/aslanayus ; **56 :** istock/ozgurdonmaz ; **58-59 :** istock/traveler1116 ; **63 :** istock/Cook Shoots Food ; **69 :** Getty images/De Agostoni/J. E. Bulloz/Contributeur ; **71 :** Getty images/Universal Images Group/PHAS/Contributeur ; **73 :** Getty images News/Reza/Contributeur ; **75 :** istock/Yamko ; **76-77 :** Getty images/Universal Images Group/Godong/Contributeur ; **80 :** Getty images/Hulton Archive/Heritage Images /contributeur ; **83 :** istock/mbaysan ; **89 :** Getty images/Westend61 ; **90 :** Getty images/Moment/Salvator Barki ; **93 :** Getty images/Moment/Jose A. Bernat Bacete ; **101 :** istock/m-gucci ; **104** :istock/ridvan_celik ; **107 :** Getty images/Universal Images Group/Godong/Contributeur ; **108 :** Getty images/Moment/Wong Yu Liang ; **111 :** Getty images/Hulton Archive/Heritage Images : Contributeur ; **114 :** Getty images/Moment/Manuel Romaris ; **118 :** BnF, département des Manuscrits, Supplément persan 1030, fol. 35v-36r ; **126-127 :** istock/Berk Ucak ; **129 :** istock/enviromantic ; **131 :** iStock/Getty Images Plus/ZouZou1 ; **140 :** istock/leolintang ; **147 :** Getty images News/Syamsul Bahri Muhammad/Contributeur ; **148 :** istock/Marwani22 ; **150 :** istock/PicturePartners ; **154 :** Getty images/DigitalVision Vectors/clu ; **162 :** istock/Mo Semsem ; **163 :** Getty images/LightRocket/SOPA Images/Contributeur ; **165 :** istock/Gulcin Ragiboglu ; **168 :** Getty images/Hindustan Times/Contributeur ; **171 :** istock/Getty Images Plus/Christine_Kohler ; **177 :** G. Dagli Orti /© NPL - DeA Picture Library / Bridgeman Images ; **179 :** istock/clicksbyabrar ; **181 :** istock/Hiraman ; **183 :** istock/Getty Images Plus/nmemmedzade ; **187 :** istock/prmustafa ; **192-193 :** Getty images/Moment/Omar Chatriwala ; **194 :** Getty images/Los Angeles Times/Irfan Khan/Contributeur ; **197 :** Getty images/De Agostini/G. DAGLI ORTI/Contributeur ; **199 :** Getty images/Gamma-Rapho/Mohamed Lounes/Contributeur ; **204 :** DR / Staatsbibliothek zu Berlin, Diez A fol. 3 (extrait de Nīšāpūrī, Ishāq Ibn-Ibrāhīm: Qisas al-anbiyā, 15XX) ; **206 :** Getty images/Universal Images Group/Bildagentur-online/Contributeur ; **207 :** istock/Abdulkadir Arslan ; **209 :** istock/wynnter ; **211 :** istock/Zurijeta ; **213 :** Getty images/Moment Open/ezzat.

Hachette Livre S.A. - 58, rue Jean-Bleuzen, CS 70007, 92178 Vanves Cedex - France

Direction Hachette Pratique : Catherine Saunier-Talec
Directrice de projets éditoriaux : Anne Le Meur
Responsable artistique : Carla Dalvy
Illustrations : Clémence Trossevin
Création de la maquette intérieure et mise en page : Stéphanie Aguado
Révision : Marie Borgers, Christophe François et Isabelle Stiégler
Fabrication : Amélie Latsch et Léa Legentil
Partenariats : Dana Lichiardopol (dlichiardopol@hachette-livre.fr)
Contact : webpratique@hachette-livre.fr

Achevé d'imprimer en novembre 2024 par Estella Gráficas (Espagne)
Dépôt légal : janvier 2025
Nuart : 86-0767-7
ISBN : 978-2-01-723402-9/01

PAPIER À BASE DE FIBRES CERTIFIÉES

hachette s'engage pour l'environnement en réduisant l'empreinte carbone de ses livres. Celle de cet exemplaire est de : 2,2 kg éq. CO_2 Rendez-vous sur www.hachette-durable.fr

L'éditeur utilise des papiers composés de fibres naturelles, renouvelables, recyclables et fabriquées à partir de bois issus de forêts qui adoptent un système d'aménagement durable. L'éditeur attend également de ses fournisseurs de papier qu'ils s'inscrivent dans une démarche de certification environnementale reconnue.